移动互联网时代每一个人都是上帝的营

U0577580

掘金移动营销

三步突击理论及实践

马燕黎 著

DISCOVERING THE VALUE OF MOBILEMARKETING AND BENEFITING FROM IT

从宏观到微观，进行溯源和裂变两种终极探索

移动营销就是人性的生活场景再造

消弭时空距离的极致是随时、随地、随身，消弭心理距离是社群化、场景化、降维化等。
移动互联时代，营销只要设备永远在线，24小时都可进行，生活就是营销。

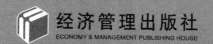

经济管理出版社
ECONOMY & MANAGEMENT PUBLISHING HOUSE

图书在版编目（CIP）数据

掘金移动营销：三步突击理论及实践 / 马燕黎著. —北京：经济管理出版社，2018.12
（2021.11重印）
ISBN 978-7-5096-4836-0

Ⅰ.①掘…　Ⅱ.①马…　Ⅲ.①网络营销　Ⅳ.①F713.365.2

中国版本图书馆 CIP 数据核字（2018）第 288096 号

组稿编辑：杨国强
责任编辑：杨国强　张瑞军
责任印制：黄章平
责任校对：王纪慧

出版发行：经济管理出版社
　　　　　（北京市海淀区北蜂窝 8 号中雅大厦 A 座 11 层　100038）
网　　址：www. E-mp. com. cn
电　　话：（010）51915602
印　　刷：唐山昊达印刷有限公司
经　　销：新华书店
开　　本：720mm×1000mm/16
印　　张：16.25
字　　数：202 千字
版　　次：2019 年 2 月第 1 版　2021 年 11 月第 3 次印刷
书　　号：ISBN 978-7-5096-4836-0
定　　价：48.00 元

站在"上帝"的视角，营销的实质就是买卖双方信息的交换。

编委会
（排名不分先后）

尹　寒　李立卿　乔小鹏　郑　鹏　张维斌

更多成员：访问"移动营销商学院.手机"查看。

期待一个未来

致敬一个时代，

◎ 倪健中

冬至将至，寒意渐浓。

每年的这个时候，总是少不了总结与期许。在人们已经习惯于通过各种PPT，各种数据报表，甚至微信朋友圈里的一句感叹来辞旧迎新的时候，我们协会理事单位的互联网老兵，也是我的好朋友马总送来了这本书的手稿。我用了一下午的时间翻阅过半，发现如果将此刻作为一个节点，作者其实也是在总结与期许。

作为国内最早投身于移动互联网事业的老兵，作者以见证者的身份总结时代的演变，同时也以一个参与者的情怀在期待未来。书中完整记录了我国通信事业的发展与企业营销方式的演进过程，但同时也体现了从业者对于整个行业的思考与担当。他们在探索与尝试中，推动了技术的应用与落地，从而提升了我国企业的移动信息化水平，为人民生活，带来了实惠与便捷。

改革开放40年，也是我国通信行业飞速发展的40年。从书信、电报到"摇把子"电话、BP机（寻呼机)、"大哥大"(移动电话),再到今天的智能手机,40 年间,我国通信业的华丽巨变令人感慨。通讯工具的变化映射出人们生活的变化、社会的进步及经济的飞速发展,人与人之间的通信更为便利,更加及时。

1978 年,我国电话用户总数仅为 192.54 万户,人们的主要通讯工具还是书信和电报。收到一封家书,不管是大人还是孩子,总是迫不及待地拆开阅读。因为,这几乎是那个年代普通民众之间远距离情感交流的唯一方式。

随着 1994 年 4 月 20 日中国全功能接入国际互联网,中国互联网时代正式开启。在这个过程中,伴随着改革开放的步伐,中国互联网从无到有、从有到优,正从世界潮流的追随者变为引领者。

3G 时代,移动网络社交从"增量型娱乐"变成了"常量型生活"。信息的传播完全打破了时间与空间的限制,人们在一个话题平台上对同一事件关注、了解、解读和争论,这样的网络社交方式促使流量消费时代正式到来。

4G 时代,网络覆盖更广,网络基础资源更加丰富,资源质量明显提升。截至 2018 年 6 月底,我国移动电话用户达 15.1 亿。从最原始的"摇把子"电话、架空明线铜缆,到大通路宽带光缆、移动通信和卫星通信,我国已经成为了全球光纤宽带网络覆盖最广、4G 移动网络规模最大的国家。

而随着互联网和智能手机的普及,网络通信不再依靠电脑,社交软件的普及,让人们用低廉的价格实现了从文字到语音再到视频通信的随意切换。智能手机软件的开发利用,让手机功能更强大丰富:聊天、购物、学习、娱乐、视频、支付等,几乎涵盖了人们日常交流的需求。

现在,人们通过智能手机不仅实现了随时随地通信,还可以移动办公、购物娱乐,出门只需要带一部手机就行了。

如果说 4G 改变生活,那么当 5G 的时代到来将会改变社会——智慧网联汽车、远程辅助医疗、智慧工厂、AR/VR 的虚拟现实……5G 带来的超高生产效率、管理效率与运转效率将更进一步解放社会生产力。

改革开放 40 年来，现代生活方式乃至社会生产方式都重新架构，飞速发展的通信网络对此做出的贡献有目共睹。我国通信业的通信能力、用户规模、技术水平等历经跨越式大发展，从制约经济发展的瓶颈，迅速成长为推动经济社会繁荣发展的关键依托。

综上，在这个关键的节点，我们很有必要静下心来，认真审视这个不凡的时代。数字经济时代的潘多拉盒子已经打开，带给我们更多的可能，我们也因此有理由，去期许一个更加美好的未来。

二○一八年十二月，北京

移动营销：技术背后的人性艺术

◎ 阎荣舟

一直以来，我们对趋势分析的精准追求从不曾改变。在垂直化、扁平化、透明化方面，大家都在不懈地努力。搞清楚一件事，要有上帝视角，更要有蚂蚁视角。移动营销的本质与艺术，要从宏观到微观，进行溯源和裂变两种终极探索。

我们所得出的每一个理论必须要以人的理论、人的生存理论为前提。我们所能看到的一切经济行为，或者更确切地说全部生命身上类似经济行为的事物，都是我们的一部分本能。人的身上虽然不能包括所有，但我们可以管中窥豹，根据类推原理可以看到全部本能的九牛一毛。人存在的根本要点是人超越了一般动物，超越了本能的适应性，脱离了简单的直接的自然（人永远不可能完全脱离自然）。经济活动的继续是自然的一部分，人只能继续前进，不断发展人的智慧，用一种新的、充满人性的和谐去取代永不复返的类人猿时代的和谐。

人一生下来，就从一个确定的环境，如本能，被推到一个不确定的、完全开放的环境中。逻辑上看，人只了解过去，对未来——除了知道要以死亡告终外——一无所知。更多的对于未来的认知是基于未来发生概率的预测。当然，这种预测在很多时空下是当做确定认知的。同这一因素紧密相关的是当代文化的特点。我们的全部文化都和互利互换的"购买欲"有关，"购买欲"的实现，依赖于人们和各种满足需要的商品诱因的充分接触，现代人的幸福就是欣赏各类"橱窗"，用现金或分期付款的方式，购买其力所能及的物品。

购买之后，我们的幸福效果是用"效果=数量×质量"的方式进行衡量，其中所有指标都是心理上的一种相对性指标。以此为参照，我们可以对三大营销时代进行比较。

在传统营销时代，营销效果=见面数×成交率。见面数即与更多顾客见面。典型方式为传统广告，如秦池怒夺央视标王，引起轰动效应，举国皆知。销售铁军，如史玉柱的"总攻令"，巨人一夜铺满50万商场。黄金地段，如麦当劳紧邻肯德基，先抢商圈，竞争。深度分销，如可口可乐无处不在，从食杂店到大卖场。成交率即把更多顾客说服。典型方式为攻心"话术"等吸引消费的噱头，如货物码放得风情万种；品牌集群，相互迁移……

总之，传统营销核心在于销售空间、销售人员，这也注定了其必然发展为资源密集型、劳动密集型产业。

在互联网营销时代，营销效果=流量×转化率。流量即是让顾客访问的时间密度。典型方式是自建流量入口（自媒体），如品牌官方微博、品牌官方微信等；或购买流量入口（付费媒体），如百度竞价、淘宝钻展、直通车、腾讯广点通等；又或扶植流量入口（口碑媒体），如有礼分享、有份分享、有感分享、有用分享……转化率就是让更多访客知道了就付款。

总之，在这一营销时代，其原理无非是以大创意让顾客记住、爱上、分享，以大促销让顾客购买。"大创意""大促销"的关键在于如何实现这个"大"。"大"是规模，"大"更是某一时空条件下的"忠诚度"。此类营销偶有现象级案例，是网络时代"从众"的极致表达。相对于传统营销时代，互联网营销时代解放了销售空间、销售人员，具有知识密集型的特征。

在移动互联网时代，营销效果=时空触点×适时推荐。时空触点相当于我们的神经元，就是在更多的时空接触顾客，而后适时体验推荐，在更对的时空，满足顾客。总之，移动互联网营销的核心于在消弭时空与心理距离——依存于移动设备、社交媒体、大数据、传感器、定位系统……具有技术密集型特征。换言之，移动营销就是人性生活场景的再造，消弭时空距离的极致是随时、随地、随身，消弭心理距离必然是社群化、场景化、降维化等。移动互联时代，营销只要设备永远在线，24小时都可营销，生活就是营销。

从传统营销，到互联网营销，再到移动互联网营销；从随时、随地、随身，到社群化、场景化、降维化，无非人性使然。人性不变，无限创新的移动互联时代才有了每个人都是上帝的营销。无论身在何处，无论愿景如何，掘金之术依旧还是读懂人性，唯一不同的是，"读懂人性"之后表达人性的技术性拟合是否是茫茫人海中能"四两拨千斤"的金刚钻儿。

这便是移动互联网时代每一个人都是上帝的营销。

2017 年，全球互联网网民人数占总人口的 49%，年增长速度同比变慢。

2017 年，全球智能手机使用数量增速变成零，停止增长。

2017 年，全球成年人每天使用手机的时长为 3.3 小时，以绝对优势超过使用电脑的 2.1 小时。

2017 年，代表传统媒体市场的"终极老怪"的电视广告投放被在线视频广告投放超越。

2017 年，中国国内消费对 GDP 的贡献率连续三年超过 60%。

2017 年，中国市场手机购物 GMV 连续三年超过电脑购物，占比接近 70%。

2018 年，中国网民 47% 的上网时间在使用社交网络服务。

……

这些数据在营销人面前展现出一个生机勃勃的市场

宏观图景，一个充满机会与挑战的营销时代。在新中国的市场上，以电视机为中心的传统营销方兴未艾，以台式电脑为中心的网络营销匆匆登场。在这个混乱的比赛现场，前面选手的"才艺表演"尚未完成，便被后来居上的、以手机为中心的移动营销抢了风头、占了舞台。涌现出一大批诸多新奇的、未知的市场元素，甚至是潜流，让人无法理解，无法驾驭。唯一不变的是：一切都在变化。一夜之间，营销似乎从一马平川的丰腴草原跃进到峰峦叠嶂、急流险滩、巨木参天等的复杂地带。市场因素变化速度之快，幅度之大，规模之巨，迷障了营销人的视野和方向。

笔者集二十年的网络营销从业经验，站在巨人的臂膀上，总结出移动营销时代的三大基本特征：入口碎片化、时间碎片化和传播碎片化。即浏览器对入口的垄断被打破，在众多的浏览器之外，更有多达 415 万个手机 App 驻留在 7.88 亿部手机终端上；通信技术的发达、高铁地铁航空的飞速发展，生活节奏加快，让人们可以随时随地获取信息，导致关注时间的碎片化；以个体为单位制作的视频、语音、自媒体、电影、小说、主播节目、微博等内容，"暴力"冲击专业制作的电视、电影、记录片、印刷出版物，原有大众传播有序的形式也变得支离破碎。

此时的品牌传播，如同在一个熙熙攘攘的集贸市场，或者行人步履匆匆的街道，或者一个乱哄哄的教室，怎样才能一呼百应，让所有人终止交谈，放下手中的工作，停下脚步，将目光投过来，侧耳聆听？换一下正式的说法，我们的营销信息如何才能排除市场上各种"声音"的干扰，向潜在客户传达一个清晰的、有说服力的信息，让他们行动起来，了解我们的产品和服务，进而购买，甚至反复购买我们的产品？

我们的营销信息如何才能有穿透力？

在这个形象的场景里，相信我们都知道如何吸引关注。讲话的声音大一点儿；站高一点儿；搬来音响设备，拿起麦克风；演讲人穿着拉风的服饰或惊艳的造型；搭个台子；先来一段辣妹劲舞表演；请来一位名人……

然而，在市场营销的"集贸市场"上，打造有穿透力的信息的策略和技巧却没有那么明显。

于是，在理论层面，笔者找到了打造高穿透力营销信息的理论依据和操作方法，从信息传播的角度，重新审视当前的营销语境，重新发现营销的实质是交易双方的信息交换，进而向读者展示：对信息进行挑选、降噪、封装之后，再通过社交式营销的曲径，终将发掘出属于自己的移动营销的秘密金矿。

本书打造了高穿透力、高动能传播信息的方法的六大步骤：挑选、封装、平台、加速、降噪、分众。如图0-1所示。

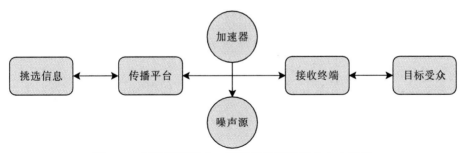

图0-1 打造高穿透力、高动能传播信息的六大步骤

最值得阅读的是，在实战操作层面，笔者借助发现的信息封装理论的锐利锋芒，在营销的暗黑丛林中开辟出三条可供前进的道路：入驻多平台、寻找好名字、开展社交式营销。

移动营销研究的是一个庞杂的生态体系。本书不是关于这个体系的第一本书，也不会是最后一本，但本书绝对是集体智慧的结晶，是视野开阔、观察角度犀利、极具实用价值的一本移动营销作品。

本书每一章的篇首，都有一段从当代作家的作品中挑选出来的文字。

这些作家，有中国作家协会主席铁凝，有广州作家协会主席张欣，还有马原、迟子建、王小波、刘醒龙、王旭烽、张洁、格非和刘慈欣。在此，向这十位作家表示感谢。不难发现，那一段文字似乎在向读者暗示着什么。笔者希望启发读者从另一个全新的角度或方向走进该章节即将展示的营销场景。

笔者还要感谢经济管理出版社的编辑及相关工作人员们的辛勤付出。因为他们，这本书才得以及时发行出版。

目录 Contents

第一章
上帝视角下的市场

　　远处已经出现了那座白色的牌楼。穿过牌楼，家就不远了。四下里是如此的旷达，那气派、堂皇的汉白玉牌楼宛若从天而降，突然矗立在大地上，让人毫无准备。即使对这牌楼望了一辈子的老人，每逢看见蓝天下这耀眼的存在，仍不免有种突然的感觉。

——铁凝《有客来兮》

在小说创作中，叙事的视角非常重要。其中，一种被称为"上帝视角"的视角，因为使用的次数最多，显得最常见，所以变得最重要。在第三人称的叙事过程中，作者始终躲在文本背后，不但对小说中的人物的饮食起居一清二楚，就连对他们心里最隐秘的小心思也洞若观火。就像上帝端坐在云端俯视我们这些蝼蚁般渺小的人类一般——如果上帝真的存在的话。

在现代经济社会，商品、信息、商家、客户、媒体……交织在一起，纷繁杂芜，让人眼花缭乱。要准精地预测一个国家某个年份的经济总量，似乎是一件不可能完成的任务。不过，总是有高人想到点子，开发出什么"总生产统计法""总收入统计法""总支出统计法"来记录一个国家的GDP——国内生产总值。在笔者看来，这是经济领域内的"上帝视角"。

借助经济领域内，各方利用"上帝视角"观察到的东西，一家企业大概也可以对自己所处的环境有个比较清晰、符合逻辑且比较靠谱的认识，用以指导企业的营销活动，特别是企业的移动营销活动。

如果大家不反对的话，笔者认为移动营销属于网络营销的一部分；网络营销则属于营销的一部分（见图1-1）。当前的市场环境下，移动营销变得越来越重要。

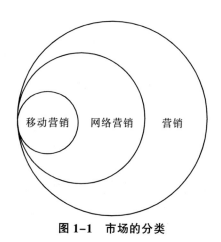

图1-1 市场的分类

中国的市场营销大致可以分为三个时期。

一、传统营销时代（1978~1999年）

改革开放之初，中国基本上都是国有企业和集体所有制企业，在当时的收音机里，我们仍然能听到各种农业机械、工业机械设备的广告，都声称可以"实行三包，代办托运"。邓小平南方谈话之后，私营企业蓬勃发展，外资进入中国，美国4A广告公司跟随着他们的客户来到中国开办分支机构，真正意义上的现代营销才得以发展。

大众传播之下，中国的电视节目也如雨后春笋般迅速成长。中国的电视台数量有2000多家，全球各国之中，排名第二，仅次于俄罗斯的3300多家。中国中央电视台年度最大的广告主"标王"，即那些肯下本做广告的企业，都能一炮走红。

　　1995 年　孔府宴酒 0.31 亿元

　　1996 年　秦池酒 0.67 亿元

　　1997 年　秦池酒 3.2 亿元

　　1998 年　爱多 VCD 2.1 亿元

　　1999 年　步步高 1.59 亿元

　　2000 年　步步高 1.26 亿元

　　2001 年　娃哈哈 0.2011 亿元

　　2002 年　娃哈哈 0.2015 亿元

　　2003 年　熊猫手机 1.0889 亿元

　　2004 年　蒙牛 3.1 亿元

　　2005 年　宝洁 3.8 亿元

　　2006 年　宝洁 3.94 亿元

　　2007 年　宝洁 3.2 亿元

　　2008 年　伊利 3.78 亿元

　　2009 年　纳爱斯 3.05 亿元

　　2010 年　蒙牛 2.039 亿元

　　2011 年　蒙牛 2.3 亿元

　　这个榜单上的品牌及市场影响，前人叙述甚多，在此不再赘述。毕竟，一家媒体通吃全国市场的时代早已经过去。值得注意的是，2001 年、2002 年连续两年的标王价码居然比 1995 年的孔府宴酒还要低。这也是笔者将网络营销元年定为 2000 年的原因之一。2012 年之后，央视不再公布标王的中标价格。在公众的视线里，这个榜单便止于 2011 年。

　　这个时代的特点是：我们要按照 CPM 价格购买广告位。还有人记得吗？我们得到的报价都是 1 个 CPM 多少钱。CPM 这个最诡异的简写 =

Cos Per thousand iMpression，每千人印象成本。也就是说，我把你的广告展示给 1000 个人看，你给多少钱吧？广告代理公司报价的时候，往往会给出一个令人生疑的发行量和一个有点想当然的阅读量作为报价依据。其背后的逻辑，当然也是 CPM。

二、网络营销时代（2000~2014 年）

据中国互联网络信息中心大事记：1997 年 11 月，中国互联网络信息中心（CNNIC）发布第一部《中国互联网络发展状况统计报告》。截至 1997 年 10 月 31 日，我国共有上网计算机 29.9 万台，上网用户 62 万人，CN 下注册的域名 4066 个，WWW 站点 1500 个，国际出口带宽 18.64 Mbps。

1998 年，新浪、搜狐、腾讯相继成立。1999 年，中国门户概念第一股中华网和阿里巴巴成立。网易创建于 1997 年。然而他们还都很弱小，传统媒体还在成长期，继续引领营销市场。

这个时代的特点是：我们要按照 CPC 购买广告位。Google 率先推出 AdWords，百度跟进，这个以 CPC 计价的竞价排名关键字的广告开创这个时代，两家公司迅速崛起。CPC=Cost Per Click，即每次点击的成本，由广告主自己出价。

三、移动营销时代（2015 年至今）

将 2015 年列为中国移动营销元年理由如下：

（1）智能手机在中国逐渐普及。

（2）政府工作报告中，首次提出"互联网+"战略。

（3）阿里、腾讯红包大战，标志着移动支付之争尘埃落定，支付宝和腾讯支付两分天下。

（4）自媒体崛起，搜索引擎落寞。

（5）网络访问视频的人数，移动端达到 59.7%，超过 PC 端，在挑战网络营销时代的搜索引擎之后，决定性地动摇了传统营销广告营收霸主电视广告的地位。

这个时代的特点是：我们要按照 CPS 的费率支付一定比例的销售佣金。这种计费有很多种名字，如网络联盟、淘宝客，到微商城的"我的海报"，或"我为某某品牌代言"等，并非由淘宝、天猫、京东等发起。他们不过提供了这个功能，入驻的品牌或商家可以自行设定，相当于有了销售业绩才付费，是不是更直截了当，简单粗暴却很爽？

我们应当注意，在所有时段里，各种计费方式都不同程度的同时存在。

第一节　经济宏观图景

统计 GDP 的三种方法中，"支出法"最简单，也最受人欢迎。用公式表示：

$$Y = C + I + G + (X - M)$$

式中，Y 代表 GDP 总量；C 代表消费；I 代表投资；G 代表政府支出；X 代表出口；M 代表进口；X－M 代表净出口。

其实政府的支出一部分是消费，一部分是投资，可以并入消费和投资之中。于是，上面那个公式就可以简写为：

$$Y = C + I + (X - M)$$

即，

国内生产总值（GDP）＝消费＋投资＋净出口

公式的右边就剩下三个项目：消费、投资和净出口。这三个项目就是我们经常能看到的、听到的"经济发展的三驾马车"。这个生动形象、充满诗意的比喻经常被人误解为有三辆马车。实际上，"三驾马车"不过是中国古代的"骖"，即三匹马拉的车。不过，要是说成"经济发展的骖"，会更让人费解。

大概因为中国的汉字太少，"骖"字又被用来指代并排行走的三匹马中间的那一匹。请注意中间那匹名叫"消费"的骖马。因为从某种意义上说，投资和进出口都以国民的消费为中心，服务于消费。

1978~2018 年，整整 40 年间，中国经济高歌猛进，GDP 从 1978 年的 3679 亿元，一路攀升至 2017 年的 827122 亿元。中国 GDP 在国际上的名次，则从第 15 名上升至第 2 名。生于 20 世纪 70 年代的人或更年长的人亲身经历并全程参与、见证了这一伟大的复兴。从此，中国人的目光便牢牢地锁定在世界第一强国美国的身上，什么事情都想跟美国比一比。有人批评说，这是不自信的表现；有人说是暴发户的心理；有人说中国人烧包矫情……可在笔者看来，这或许就是见贤思齐的表现！

根据中国国家统计局数据，2017 年，中国全年社会消费品零售总额为 366262 亿元，其中网络零售总额达到 71751 亿元，占比 15%。根据美国的官方数据，2017 年美国的 GDP 为 194854 亿美元；网络零售额为 4450 亿美元；社会消费品零售总额为 57564 亿美元。网络零售在总消费中的占比 7.7%。

前面我们说过，从支出的角度看，一个国家的 GDP 由三个组成部分：消费、投资和净出口。社会消费品零售总额就是消费，是一个国家全体人民一年内花掉的钱。看一看上面的数据，2017 年中国消费，按照当年的外汇平均汇率——约 1 美元兑换 6.6 元人民币——折算成美元后 GDP 为 125322 亿美元；消费为 55494 亿美元；网络零售为 10871 亿美元（见表 1-1）。

表 1-1 中美比较

比较项目	美国	中国
GDP（亿美元）	194854	125322
社会消费品零售（亿美元）	57564	55494
网络零售（亿美元）	4450	10871

中国的 GDP 只有美国的 64%，消费与美国相当，网络零售却是美国的两倍。这说明什么问题？说明中国的网络营销做得比美国好，或者说中国人民对新型消费模式的接受程度比美国人民高。

2007 年 1 月，苹果推出"革命性的、魔幻般的至少要领先其他手机 5 年"（乔布斯语：a revolutionary and magical product that is literally five years ahead of any other mobile phone）的 iPhone 智能手机，标志着移动营销的起点。2017 年，全球智能手机出货量达到 1.49 亿部，与 2016 年基本持平，首次出现年度零增长。根据互联网女皇 Mary Meeker 的《全球互联网趋势》报告，全球互联网用户 36 亿人，覆盖全球 49% 的人群，也失去了继续扩张的动力。2016 年前后，全球广告主们在互联网广告上的支出金额在 2000 亿美元左右的位置上，终于超过老怪级别的电视广告支出。种种迹象表明，或许 2017 年就是移动营销进入爆发期的拐点。

中国互联网业界，从抄袭美国模式的 C2C（Copy to China），到自主创建，已经开拓出一条独特的创业之路。比如说，多年以前，淘宝、天猫的产品展示便与 eBay 划清了界限，走上了一条不同的道路。在天猫的网站上，绝大部分的商家都会大量使用精心制作的图片，将产品的亮点一一列出，让消费者一目了然。而 eBay 则不允许商家在产品照片上写字，还限制产品图片的数量。京东则介于两者之间，突出了产品的技术参数，满足了"专业"购买者的需要。三种业务管理模式各有利弊，背后都有各自的考量。

基于互联网的业务模式，从最初综合门户网站的中华网、新浪网、搜狐、网易，搜索引擎百度、搜狗，在线零售的天猫、京东、当当、唯品会，在线旅游的携程、艺龙，在线招聘的51Job、中华英才网，发展到P2P网贷、团购、外卖订餐、分类广告、婚恋、拼车、专车、共享单车、自媒体、直播、弹幕等，新名词、新业务模式的推出速度越来越快，让人目不暇接，似乎每个月都有新花样。

在中国网络电商似乎尘埃落定，再无插足落脚机会的2018年，号称以"社交+电商"为特色的拼多多于7月26日在美国纳斯达克挂牌上市，将社交营销推上一个新的高度。

尽管新技术带来新的机会和更为广阔的想象空间，但在这一片被美国著名科技作家乔治·戴森称为"数字宇宙"的疆域上，新贵巨头们已经占据了山头高地。机遇与挑战并存，这是企业目前面临的现实场景。

第二节　驱动经济的技术力量

纵观全球营销历史，对技术的追求有时超乎我们的想象。1946年，亚瑟·尼尔森的文章《广播研究的新情况》，用激情洋溢的语言，宣告其公司开发的"尼尔森听众监测系统"，将"记录仪装进经过科学挑选出来的使用者的收音机中。它记录每一次调节旋钮的情况，无论昼夜每分钟都记录下来，因此而获得其他任何手段无法得到的宝贵资料。"当然，还得有个解码器，能将记录仪里的数据转换成人能看懂的图表、数据。

1946年，第二次世界大战刚刚结束；计算机刚刚问世；电视机刚刚实现量产——用现在的标准看，那是一个"旧石器时代"。正是在那样一个时代，尼尔森借助彼时先进的科技奠定其在营销界的地位。反观国内，我们又有多少家企业对于现在唾手可得的网站流量统计几乎是不闻不问呢？所以，我们还真得关心一下跟营销直接相关的技术。

2017 年，京东方柔性屏量产，自 2006 年起在国际英文合成大赛（Blizzard Challenge）中七连冠战胜微软 IBM 等强劲对手的科大讯飞自动翻译机器惊艳亮相，被迫使用国产 CPU 的中国超算的神威·太湖之光及天河二号占据国际超算榜前两名又于 2018 年被美国 Summit 夺回，2018 年美国宣布禁止美国公司出售产品给中国的中兴等事件……将国人们的目光吸引到芯片、核心软件等行业。

依托大数据、云计算、人工智能、人脸识别、语音识别、无人驾驶、无人机、神经网络、机器深度学习等高大上技术的产品已经出现在我们身边，触手可得。

这些都说得太远，与我们的移动营销似乎不沾边。不过，以支付宝推出的刷脸支付、今日头条"基于数据挖掘的推荐引擎"算法为代表的头条号，以及腾讯的企鹅号、百度的熊掌号、云计算、社交 App、微信支付、网络直播、小视频等跟移动营销息息相关。有的人可能会说，这些都不是技术，而是技术的应用。有时候，技术和应用真的不怎么好区分。

与移动营销直接相关的技术有：用来展示页面的 HTML 5 前端技术，用来提供大规模服务的云计算，用来开发手机 App 的计算机编程语言 Objective C（用来开发苹果手机 App）、Java（用来开发安卓手机 App），还有 Sqlite 数据库、大数据、二维码技术和 DNS 中文寻址技术。

在这里，我们有必要了解一下移动通信的 3G/4G/5G、争夺网络第一入口的 App 和 HTML 5 前端技术、寻址技术中的二维码和中文域名。

一、3G/4G/5G

最初的移动通信网络被称为第一代网络。G 是 Generation（代）的简写，不是数量单位。不难理解，3G、4G、5G 则代表的是第三代、第四代和第五代移动通信网络。

每一次移动网络升级，不管是运营商还是普通消费者，都抱以很高的期望，希望能出来一个"杀手级"应用或功能。不过，我们经历一次又一次失望之后，随之而来的新奇让我们忘记了先前的不快。

2G 网络，即 GSM 于 1991 年在芬兰组网投运。它较前一代网络的优势在于：通话可以加密；网速更快，信号更强；带来了只能写 70 个字符的短信（SMS）服务。后来，这个网络升级，中国移动升级到 2.5G 的 GPRS，中国联通升级到 2.75G 的 Edge。

3G 网络，增加了语音、移动互联网、移动固网、视频通话、移动电视，终端网速达到 0.2MB/s。

4G 网络，真正地使用了互联网的 TCP/IP 协议；大大地提升了终端速度，峰值数据传输速度从 3G 时代的 100MB/s 升级到 1GB/s。

5G 网络，则分三个阶段实现三大目标：提升移动网络速率，即数据传输峰值速度要达到 20GB/s；支持海量联网的物联网；实现超稳定、可靠性能和消耗更少的能源。目前第一个阶段的 5G NR 标准中有 50 个技术标准立项，中国、欧洲和美国三足鼎立。中国提议的标准为 21 项、欧洲为 14 项、美国为 9 项。另外，日本有 4 项，韩国有 2 项。

回顾历史，我们可以看到，3G 移动网络引进多媒体通信能力，让智能手机有了用武之地。在 Android、iOS 操作系统的支持下，手机俨然成为掌中的电脑，对数码相机、MP3/MP4、电纸书、录音笔等数码产品造成致命的打击。大量的移动应用让我们的生活更加便利，更加丰富多彩。

二、App

有人把 App 读成三个字母：a、p、p；也有人把 App 读成［æp］。2010

年，App 被美国方言协会列为"年度词汇"（Word of the Year）。美国人认为，App 是 Software Application 的缩写。

2008 年 7 月 11 日，苹果手机开通了一个名叫"App Store"的服务专区，向苹果手机用户提供收费的程序下载服务，获得了史无前例的成功。谷歌也开通了 Android 手机的 App 下载区。App，是 Application——即"应用程序"的简写。到了中国，这个词的翻译变成了一个难题。翻译成"应用程序"吧，跟其他的计算机软件无法区别；说它是"手机程序"，又太含糊，与手机操作系统上的程序分不清。于是，人们干脆就称它为 App。

苹果手机上的 App 需要用 Objective C 或者 Swift 等编程语言开发；Android 手机上的则需要用 Java 语言开发。火爆的 App 需求创造了大量的工作岗位。甚至还让大小只有 699KB 的迷你关系型数据库 SQLite 的安装量超越 MySQL，稳坐数据库市场份额第一名的宝座。不过，有人并不这么认为。

截至 2018 年，全球前五大 App 商店分别是谷歌的 Google Play、苹果的 App Store、微软的 Windows Store、亚马逊的 App Store 和黑莓的 Blackberry World。其中 Google Play 中的 App 多达 380 多万个；苹果的 App Store 内也上架了 200 多万个 App。

在中国，下载量最大的 App 是哪些？根据艾瑞的市场调查，中国本土的 App 市场份额，恐怕非微信、支付宝、QQ、今日头条、大众点评、百度地图、高德地图、摩拜单车莫属。

三、HTML 5

HTML 5 由国际组织 W3C 自 2000 年筹划，至 2014 年定型，全部都是关于网页显示的、主要用来规范浏览器的行为的一系列枯燥的规定。

2007 年智能手机问世以来，一批专用为 iPhone 手机和安卓手机定制开发的软件——俗称"App"——成功地取代网站，为手机用户们提供以前由网站提供的信息服务，如新闻阅读、邮件收发等。中国 99% 的网站仍然构建在 HTML 4 的标准之上，主流网页的尺寸是 1024 × 768 像素，首页基本上都一个 Flash 动画。显然，这些网页并不适合手机浏览。站在那个时间节点上观察，互联网的内容发布已经分化成三个阵营：代表网站的 HTML 5、代表新生代的 App 和兼顾两种内容的混合模式。

一时间，营销界展开了大辩论：移动营销的未来，是 HTML 5，还是 App？有人断言，App 就是移动互联网的未来。对于企业来说，要开展网络营销，最基本的工作是保证目标人群浏览到的内容以一种比较美观的形式呈现。浏览网站的设备肯定会有苹果手机、安卓手机和各种尺寸的电脑屏幕，还有从 IE6 到 IE10 以及 Firefox 和 Chrome 等浏览器，将网站建设的人推到绝望的边缘。有财力的公司，分别针对这些设备定制网页，即电脑版网站、手机版网站和需要下载安装专用程序的 App 网站。

图 1-2　Bootstrap 官网：getBootstrap.com

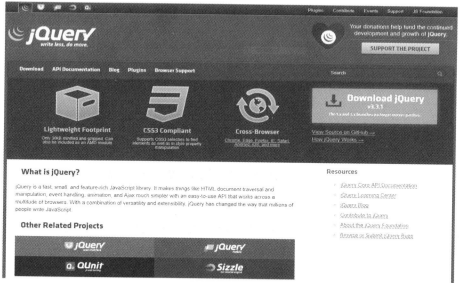

图1-3 jQuery.com

幸好，一些科技巨头们率先对这一问题发起攻击，推出各自的HTML5前端，号称"响应式"前端，可以解决所有的问题，让一个版本的网页适应所有尺寸的屏幕，不管它是电脑，是手机，还是平板电脑。其中最突出是Twitter的Bootstrap（见图1-2）和jQuery UI（见图1-3）。

如果你认真对网络营销，请要求你的服务商使用响应式前端。

四、寻址技术

二维码、域名都是寻址技术。不管是英文域名、中文域名，还是国别域名，事实上已经退居二线。原因不外乎三个：第一，智能手机的普及；第二，智能手机内建的相机可以扫描、分辨出来复杂的图案，二维码使用起来更方便；第三，在另外一条战线上，即第一入口的争夺上，大量的App已经打败了市场上的先行者——浏览器。事实上，App内嵌的也是浏览器，或者类似浏览器的功能。不过，浏览器作为独立的形式已经被掩盖起来。App 中，也使用域名作为寻址，但终端用户感觉不到域名的存在。

五、二维码

有二维码，肯定就有一维码！一维码就是目前大小超市都在使用的条形码（见图 1-4）或条码。它是由 12 个数字、空白和粗细不等的竖线组成的长方形图案。1932 年，哈佛商学院的一群学生为商店开发出一种商品编码的穿孔纸片。顾客取下代表他们要买的商品的卡片，交给店员，店员将穿孔卡片塞进一种专用的机器，就能读出该商品在店里的库存和存放位置，由专人去取来商品交给顾客，顾客付过款项，就可以带走，交易完成。对，没错，就是 1932 年。

图 1-4 条形码示例

1949 年，美国 Drexel 工学院的两名研究生开发出现代条码的原型，也需要一个扫描器。他们注册了专利并于当年将该专利低价出售。直到 1969 年，IBM 接到项目为某大型连锁商店开发类似的编码系统。几经周折，终于定型，并沿用至今。它的正式名称是统一商品编码（Universal Product Code，CPU）。历史将永远记住 1974 年 6 月 26 日 8：01，美国俄亥俄州 Marsh 超市售出第一个带条形码的商品：10 包箭牌口香糖。顾客名叫 Clyde Dawson，收银员叫 Sharon Buchaman。

在美国，最初曾将一维码应用于铁路编组。1994 年，日本 Denso

Wave 公司延续这一做法，发明了二维码，用密集程度不同的黑色正方形组成的点阵来记录数字、符号和文字。其专利已经于 2015 年过期。因其便利性，目前已经成为移动互联网的标配。在各种计算机语言中，都有人撰写了生成二维码的函数库。Firefox 浏览器为每个网页自动生成二维码。也有在线生成二维码的在线工具。用手机扫描下图，就会看到用二维码编码的文字：这是草料二维码在线生成的二维码（见图 1–5）。当然，最常见的用法是将一个网址生成为一个二维码，印刷到名片上或宣传页上。

图 1–5　用草料二维码在线生成的二维码

中国的火车票上也印刷了二维码。用手机扫描这张火车票上的二维码会将你带到 12306.cn 官方网站的登录界面。这张发布到 Wikipedia 上的火车票，由一位网友提交，供大家免费使用（见图 1–6）。

图 1–6　印刷着二维码的火车票

顺便说一句，十几年前，深圳一家公司开发的三维码，打印出来的编码是立体的，在一个指甲盖大小的面积上，压缩了约 5 分钟的视频。也就是说，使用他们的解压缩软件扫描那个立体的编码，就可以浏览到被压缩进去的数据——一段视频。现在的 3D 打印机技术已臻成熟，三维码是不是可以流行？

已故的天体物理学家霍金说过，把时间算做一维，我们实际上生活在四维的世界里。是否可能有人也以时间为变量，开发出四维码呢？

六、域名

域名是另一个寻址技术。

互联网组网前期，主机之间的通信是用 IP 地址完成的。一长串数字记忆不便，于是域名系统应运而生。起初，域名都是英字母、数字，再加上一个短横线。据称，由于人们天生懒惰，再加上搜索引擎太方便，美国有相当一部分人，即使知道 facebook.com 这个域名，也非得要在 google.com 里搜索 facebook，以避免输入".com"这 4 个字符。美国人尚且如此，中国人要想记住域名，难上加难。

要知道，网络营销时代，企业营销内容的主流载体是网站，于是宣传网址成为重中之重。我们经常能看到企业在电视广告、户外广告上，号召人们"百度一下×××"，或者"搜索×××"。因为，这样，比让人记住域名要简单，效果会更好。请你记住这一点！

于是，早在 2003 年，国际域名权威组织 ICANN 便批准了 RFC3492 以便使用 Punycode 来解决各种语言文字的域名解析问题。这个技术方案是要利用 256 个 ASCII 字符代表各国的文字，如中国的汉字。在中国，你可以注册到的中文域名有如下几种类型：

（1）中文.com。

（2）中文.中国。

（3）中文.手机。

我们可以利用在线工具，将三个相应的域名转换成 Punycode，如下：

品牌甲.com　　　　Punycode：

品牌乙.中国　　　　Punycode：

大别阿郎.手机　　　Punycode：xn—mcr03ohv4cgte.xn—kput3i

在线 Punycode 转码网站：http：//www.webmasterhome.cn/tool/punycode.

asp

请注意：阅读本书时，可能这个网址已经无法使用，请搜索"Puny-code 转码"重新查找。

最后，我们可以：

1）把 xn—mcr03ohv4cgte.xn—kput3i 复制到浏览器地址栏，回车；

2）或者直接在浏览器中访问"大别阿郎.手机"，回车。

如果你的电脑或手机可上网，在这两种情况下，都可以访问到作家大别阿郎的微入口。什么是微入口？后面有专题讨论。

网络上有非常"懂"Punycode 的人便说，什么玩意儿啊，不就是用 Punycode 弄出来的东西吗？其鄙夷之态溢于言表。

其一，ICANN 是在美国主导下，受世界各国委托管理互联网域名事务的权威机构，其行为自然不是儿戏。要知道，在 ICANN 之下，负责管理某个顶级域名的机构是"注册局"，英文称为 Registry；负责域名注册的最高级别的注册商叫"顶级注册商"，英文叫 Registrar。

ICANN 认证的顶级注册局中，负责".手机"顶级域名的机构就是北京华瑞网研，2014 年正式通过认证。".手机"的 Punycode 编码是 kput3i。负责".中国"顶级域名的注册局是中国互联网信息中心，英文简称叫 CNNIC。笔者想大家对 CNNIC 并不陌生吧？对此表示怀疑的读者可以看看下面这个网址：

https：//www.icann.org/resources/pages/listing-2012-02-25-en

（链接：ICANN 顶级域注册局列表）

其二，现在，在浏览器中，输入".手机"后缀的域名，不需要任何"热情的"流氓插件就可以将用户带到目标网站，没有 ICANN 的背书，肯定行不通。

其三，为什么自己能看得懂的东西就不好呢？这种思维应该反思一下。正如马云所总结的那三种境界，这种心态正是"看不起"的表现，接下来就是"看不懂"——我都不看好的东西怎么就能流行呢？再接下来就是"看不见"——别人已经绝尘而去，难以望其项背。

因为二维码可能隐藏着一个恶意的网址，存在安全隐患，以及它在多个场景下也有诸多不便。以域名为代表的寻址技术，特别是手机域名，会在移动营销中卷土重来。我们在后面会在应用场景中进行专题对比。

英文域名　　国别域名　　中文域名　　　　二维码

四弟，就是他，老是欺负我们！

图 1-7　域名与二维码

第三节　看不懂的文化与生活

科技从研发到应用的周期越来越短。2017 年 11 月，深圳无人驾驶公交车正式上路运营，"无人巴士使用的是以国产、自主可控的智能驾驶技术为基础的阿尔法巴士智能驾驶公交系统"；京东运用无人机送快递；支付宝以人工智能为基础的刷脸支付；工厂里工业机器人批量替代工人……这些都已经成为现实。

中小学生手机阅读网络小说的追书行为、青年人手机看电视剧的追剧行为、选择专车或拼车出行的行为、不做饭选择订外卖甚至在广州乘高铁订长沙的外卖的就餐行为、在家里或住处拉宽带架起摄像头搞直播并以此为业当草根主持的行为、加入某个微商平台在朋友圈里卖东西想赚外快的行为等，让传统的出版社生活日益窘迫，让电视台收入暴跌不再能财大气粗地购买剧集，让出租车司机唉声叹气，让方便面制造商遭遇滑铁卢，让一些年纪轻轻的小屁孩们变成了网红小名人，让一些微商发起者一夜暴富……

不是我不明白，是这世界变化快。

2015 年后，更多的人已经习惯手机购物、手机支付、手机浏览信息，再宣传让人"百度一下×××"将会冒极大的风险。各种手机 App 横空出世，营销人不禁哀叹流量"碎片化"。碎片化有两层含义：

（1）用户花费到各种 App 或网站上的时间变得越来越分散。

（2）用户每次放下手中的工作或正在忙碌的活计来"接收广告"的时间越来越短促。

营销人需要关注目标人群的"碎片化时间"。可能是在他们等地铁或公交的三五分钟内，或者他们乘坐交通工具的十几分钟内，或者他们午间休息、进餐的片刻等。总之，不能奢望占用目标人群大段的时间——除非你的服务已经说服了他们。

第四节　营销疆域的山峰

网络营销时代造成了中国互联网业的三座高峰：百度、阿里和腾讯。三个名称的首字母合在一起，就是 BAT，英文是"蝙蝠"的意思。这三家公司对于新兴出现的公司，采用又打又拉的策略。于是，新的明星企业，面对着 BAT 的投资要约，要么选择被收购，要么选择被竞争打垮。当然，你的业务不够好，BAT 还真看不上。

微信普及、微信支付问世的时候，还有相当一部分人，对基于 App 的微商城寄予厚望，高呼"中小企业摆脱 BAT 三座大山的唯一时机终于来临！"理想很丰满，现实很骨感。对于广大中小企业来说，不应该把 BAT 当作敌人，而应该充分利用他们提供的服务。事实证明，BAT 也并非能把控所有的路口，总有黑马在不经意的时刻从天而降，在看似无处插针的地盘上开疆拓土，比如今日头条。这些新秀成功之后，也不会心甘情愿为中小企业提供免费服务，也是要赚钱的。中小企业的运营目标可能是制造最好的汽车轮胎、提供最实惠的茶叶、出品最有品位的女装等，而不是要像 BAT 一样，提供搜索、网盘、云计算、网店、社交等网络服务。牢记这一点至关重要。

BAT 三家寡头的局面也不会永远存在。在市值上，百度与阿里、腾讯的差距进一步扩大。2018 年 6 月 8 日，阿里系的蚂蚁金服宣布获得一笔融资 140 亿美元，市值直逼万亿元。若能成功上市，取代百度将毫无悬念。

第五节 营销的实质

看到这里，你是否相信，跟五十年前相比，这个世界发生了翻天覆地的变化？很多人都会说，当然。因为，科技的发达，将世界变成"平的"，地球变成"地球村"，很多市场长出了"长尾"，还有人发现了"蓝海"。甚至，人跟人之间的距离，只有"六度"。还有，80 后、90 后消费观念只讲求"体验"，而不是"性价比"……

可是，笔者要说，营销的实质，从古至今，都没有发生过什么变化。笔者的理由是：人性从古至今也没有发生过多大的变化。读者对于这样一个解释肯定不满意。我们来看一看这样三个场景：

场景一

一个春日的清晨，我神情肃穆地站在村后的山崖上，注视着东方的天际。一轮红红的太阳缓缓上升到地平线上，瞬间将我身后的原本黝黑的松林照耀成一片金黄。融化的冰凌从松枝上坠落，跌进厚厚的积雪里，发出扑簌的声音。山下的河水流淌起来，水面上闪着粼粼的波光。一阵扑棱棱的响声后，一群麻雀从光秃秃的槐树枝上弹过，闪进一个院落，不见踪影，只留下一阵叽叽喳喳的余音。

场景二

从空间站往下看去，地球的这一面从云层下露出来，白茫茫的一片，分不清哪里是云，哪里是积雪。

场景三

在月亮上看到的地球，是一个湛蓝湛蓝的大圆盘，静静地挂在天幕上。

这三个场景，一个是站在地球上，一个是站在距离地球 500~600 千米的空间站上，一个是站在距离地球 38 万千米的月亮上，所以，看到的景色是不同的。在月亮上，中国的东北和中国的南方，在视觉上，应当没有特别大的差别。观察的距离，带来的效果，相当于概念上的抽象。

站在"上帝"的视角下看营销，营销的实质，就是买卖双方信息的交换。

第二章

营销不是百米冲刺　是长征

　　如果从高空看去，这个地方像个大旋涡，一圈圈长着大青树、木菠萝、山梨树，这些树呈现出成熟的绿色；在树之间长满了龙竹、苦竹、凤尾竹，这些竹子呈现出新嫩的绿色；在竹丛之间长满了仙人掌、霸王鞭、龙舌兰，这些林荫中的植物呈现出蓝色；在仙人掌之间长满了茅草，在茅草下面是绿色的苔藓，在苔藓下面是霉菌生长的所在。

——王小波《青铜时代》

河南一家养猪企业，打出一句口号：不做五百强，要做五百年！

在中国国力蒸蒸日上的今天，这个梦想可以有。企业的营销之路，漫长曲折，并不能一蹴而就。如果你愿意保持警醒，愿意为之辛劳的同时，还能发现并欣赏沿途的风景，并因此而愉悦，不管你是职业经理人，还是企业家，相信你能走得更远，更从容。

在本章里，我们描述三个营销时代的典型步骤和特征。

第一节　并未远去的传统营销

我们肯定会有疑问：科特勒的五种营销观念、4P、4C 模型对当下的指导意义还存在吗？

重读当代"营销教父"菲利浦·科特勒在其经典的

著作《市场营销》，国内最新版本是第 15 版，其中列举了五种不同的营销观念：

一、生产观念

持这种观念的企业认为，他们的客户喜欢实用价廉的产品，只要坚持扩大生产，扩大市场占有率，做到薄利多销即可。科特勒认为，中国的海尔和联想属于这个类别。

二、推销观念

持这种观念的企业认为，客户不会主动足量购买自己的服务或产品，只要做好销售，多劝说，就能达到自己的营收目标。

三、产品观念

这种观念认为，客户喜欢功能强大，或设计精美等高质量、高性能特征的产品，只要用心把产品做好，客户是不会计较多出一点儿钱来购买。据人口统计分析得出的结论说，中国的 80 后、90 后，跟 70 后以及"更老"的那些人不一样。年青一代不追求性价比，只追求消费体验，不正好可以与产品观念对标吗？而苹果、小米、OPPO/VIVO、华为手机的成功，是不是都有那么一部分行为可以归纳进"产品观念"这个档级呢？

四、营销观念

在这种观念的指导下，企业会在规划、设计、生产等环节就充分地考虑到用户的体验或关心的问题，坚持以客户为中心的实践。

五、全面营销观念

不知道从哪个版本开始，科特勒教授将原来的"社会化营销"修改为全面营销。社会化营销是指企业的目标、利益与社会高度一致，即企业越成功，社会越受益。但是，他应该早就意识到，这是一个很具理想主义色彩的目标，很难实现。比如，矿业公司越成功，对环境破坏的程序就越大。难怪有人说，GDP 不是国民生产总值，而是"gross domestic pollution"，即国内总污染。

全面营销，是要将注重产品、渠道和沟通的整合营销，关注渠道、客户与伙伴的关系营销，考虑营收与社会效应的绩效营销，以及层层推进的内部营销结合在一起，似乎在强调全员营销，全天候营销。

不难看出，时至今日，面对细分市场，面对竞争环境和自身情况，我们仍然要做出选择。这 5 个观念，代表着 5 种进军市场的姿态。用 4P，即产品（Product）、渠道（Place）、促销（Promotion）和价格（Price）将营销活动分类，则是麦克锡的主意，是一种思维框架，并非一种答案，自然仍然有效。科特勒教授将原来以客户为中心的 4C 重新归纳成 SIVA，即：

（1）解决方案（Solution）：我如何解决自己的问题？

（2）信息（Information）：我可以通过什么方式了解更多信息？

（3）价值（Value）：我需要牺牲什么来解决这个问题？

（4）获取（Access）：在什么地方可以得到解决方案？

对照一下，这个立场对我们分析当前的移动营销问题是否有帮助？对于你的客户提出的第（1）、（3）、（4）个问题，每一位营销人都已经有现成的答案。我们需要特别关注第 （2）个问题，你的客户会通过什么渠道去了解信息？如果他（她）在朋友圈里，或者社交 App（如微信）中看到相关的信息，又正好你们推送的，会不会有很大的机会成交？

前文我们讲过，从美国学习来的经验，在这个时代里，媒体如报纸、杂志、电视节目等出售广告位的时候，会强调自己的发行量，并以此为标准定价。

这个时代，通过平面设计将高开高打的品牌形象表现得很美很抽象，上升到哲学的高度，增加无比丰富的内涵，多多地将自己的产品以一种很酷的姿态陈列在购买点，即 POP（Point of Purchase）显得特别重要。经过精心策划之后，由高水平的设计师动手完成的平面设计，或者高水平的广告片导演拍摄出来的、有画面感的视频广告变得必不可少。

于是，卖洗发水的向人们展示美女在洗澡，卖沐浴露的向人们展示美女在洗澡，卖浴室喷头花洒的向人们展示美女在洗澡，卖香皂的向人们展示美女在洗澡，卖减肥产品的向人们展示美女在洗澡，卖浴巾浴袍的向人们展示美女在洗澡，卖热水器的向人们展示美女在洗澡……甚至卖纯净水的人也向人们展示美女在洗澡！看来，美女是传播营销信息的一个优质媒介。

2000 年，笔者在广州一家互联网公司工作，面试一位应聘做市场的人。应聘者自我介绍说，他最得意的作品是策划了一起"买 BP 机，送电视机"的活动。1997 年前后，摩托罗拉带汉字显示的 BP 机好像还要2000 多元。而他们送出的电视机是个跟光盘盒子差不多大小的黑白电视机。乍一看广告的标题，还以为是一台大电视机呢。2000 年，手机开始普及，BP 机完全没市场了。我们可以看到，在技术的推动下，消费习惯转向，一些产品的市场就会完全被蒸发掉，无影无踪。

第二节　恋恋不舍的网络营销

这是一个刚刚告别雅虎的手工目录，迎来谷歌、百度的搜索为王的时代。这是一个以搜索引擎竞价排名，以广告的 CPC（每次点击成本）为计价单位的时代。

国内的门户网站新浪在最初也跟雅虎一样，由人工维护着一个网站目录。中国的互联网老兵们一定还记得 1998 年 6 月 5 日上线的 dmoz.org。它也是人工目录，属于美国在线（AOL）所有，由志愿者们维护。在 dmoz.org 上提交自己的网站并被它收录，是搜索引擎优化的必修课。这也说明其在搜索引擎"眼中"的江湖地位。2017 年 3 月 17 日，dmoz.org 宣布关闭。它坚守了近 20 年的时间，也未能像中国的个人网页目录 hao123.com 那样卖出一个价钱，为它的创办带来一些经济利益。或者创办者从来就没有想着卖钱变现。于是，它的离去被蒙上一层悲情的色彩，似乎它代表的是一个时代的正式离场，最终的告别竟也人让唏嘘良久（见图 2-1）。

图 2-1　全球最大的人工网页目录 dmoz.org，截图于 2018 年 9 月 16 日

网络营销时代，企业的行为基本上可以归纳三步：注域名、建网站、做推广。

第一步：注册域名

我们知道，上等的域名跟公司名或商标同名或者非常短；中等的域名很好记；余下的被挑剩下的就是下等的域名。

好域名基本上都注册完了。因为，有很多域名"投机分子"。美国有一家公司注册了 300 多万个域名，想一想，有什么还能逃过他们的法眼呢？注册 china.com 的那个人，把这个域名卖出了 30 多万美元的好价钱。2000 年前后，4 个字母组合的 .com 域名，也能卖到 1 万元。所以，这个时期，投机域名盛行。域名交易的网站纷纷登场。投机域名的人将域名称为"玉米"，并自称"米农"。码农要是遇到一个自称是米农的，肯定会发懵。这米农是干吗的呀？

后来，中国互联网信息中心重拳打击抢注知名商标的行为。国内的知名企业或知名品牌开始意识到域名的重要性，也采取措施保护自己的域名。有人抢注长沙九芝堂的域名，被裁定为恶意抢注并遭遇反诉要求赔偿 9 万元。广州某个人注册 kfc.com.cn 并且辩称不知道肯德基的商标是 KFC，自己只知道 KFC 是"快发财"的意思。辩解被无视，域名遭直接夺走。深圳某人注册了 haier.net，虽辩称要注册建设一个"孩儿网"，也被注册商夺走，直接交给海尔。IBM 和微软采取的策略完全不同。IBM 把跟自己相关的域名都注册下来。微软则不注册。要是有人敢注册，微软就派出自己的律师跟注册者打官司。

对于中国企业来说，商标是汉字，很少有机会像海尔那样，让商标或商号跟英文字母、数字组合成的域名相同，顶多只能跟其拼音字母相似。能做的，只能是自己想一些比较有创意的组合。比如美国 Web 2.0 时代的知名网站 del.icio.us（去掉中间的两个点就是一个完整的单词 delicious，美味的，好吃的）实际上是一个美国国别域名 icio.us，前面加上一个三级域名（我们平常说它是二级域名）。

1997 年，澳大利亚下属一个海岛 Cocos 群岛居然也申请到一个国家级别的后缀.cc，并委托美国一家代为其管理、营销，在中国市场上也吸引不少注册用户，不知道当年注册的域名，如今还存活多少。.tv、.info、.biz、.la、.us、.mobi、.xyz、.link、.top、.club、.shop 等，相继进入中国市场，给企业带来更多选择的同时，也带来不少困扰。这些后缀也相继推出中文域名注册，但他们本身都很难让人记住，再好、再短的名字也无意义。

商标就是名字。

欧美人是取名字的高手。中国人要表达"随时都有危险"的时候，就会说"好像头上悬着一把剑"。欧洲人则有一现成的名字叫"达摩克利斯之剑"。公元前 4 世纪，意大利西西岛上某王国境内一位名叫达摩克利斯的朝臣向篡位的国王献媚，艳羡之情溢于言表。国王便要求跟达摩克利斯交换身份一天。后者坐在王位上，猛然发现一把仅用一根马鬃系着的利剑悬挂在王位正上方。达摩克利斯惊惧不已，赶紧要求结束这个交换身份的游戏。现在，要是讲身处危险境地的时候，说自己头上悬着一把"达摩克利斯之剑"将会显得自己多么有文化呀！中国的表述当中剑没有名字，而显得格外苍白无力。

英特尔的创建人戈登·摩尔预测道：当价格不变时，集成电路上可容纳的元器件的数目，每隔 18~24 个月便会增加一倍，性能也将提升一倍。这就是摩尔定律。集成电路行业的人对这个定律无人不知，无人不晓。最近我们一直能听到的修昔里德陷阱、墨菲定律、马太效应、薛定谔的猫之类的名词，比比皆是。

中国南北朝时期（公元 5 世纪）的数学著作《孙子算经》卷下第二十六题，叫作"物不知数"："有物不知其数，三三数之剩二，五五数之剩三，七七数之剩二。问物几何？"

也就是说，有一堆东西不知道有多少个，把它们分成 3 个 3 个的若干组，会剩下 2 个；分成 5 个 5 个的若干组，会剩下 3 个；分成 7 个 7 个的若干组，会剩下 2 个。问这堆东西到底有多少个？用现代数学语言来说，列出 3 个三元一次方程，即 $3x + 2 = 5y + 3 = 7z + 2$，求解 3 个未知数之后，再求解那个整体的数量。顺便说一句，这一堆东西有 23 个。

《孙子算经》中首次提到了同余方程组问题和解法，解决了数论中一个基本问题。中文数学文献中称之为孙子定理。1801 年，年仅 20 岁的数学家高斯帮中国人一个大忙，在其著作《算术研究》（*Disquisitiones Arithmeticae*）中为孙子定理取了一个很大气的名字叫"中国剩余定理"。后继的欧美计算机科学家还将其用于目前普遍使用的 RSA 加密算法之中，如访问 https 网页时提交证书和信息解密过程，让全世界知道，这是中国人首先发现的一个数学定理。

各种迹象表明，一个好名字对于传播非常重要。

第二步：建网站

不管怎样，各家公司都会注册一个或多个域名。接下来，找一家公司或者找个人建一个网站。预算多少钱？2000 元行不行？你竟然嫌少？你要知道，有人 300 元就愿意接，笔者没有同意，想照顾一下你。

（一）企业看网站建设

网站很简单。无非就是做几个网页，网页上放些文字和图片，顶多再做一个动来动去的 Flash 动画。

（二）建站公司看网站建设

网站其实不简单。注册过域名之后，租用网站空间（即虚拟主机，与现在虚拟化技术中的"虚拟机"不同）就需要考虑是否需要随时更新网页。如果不需要，租个只可以存放静态网面的空间（虚拟主机）就可以了；如果需要，需要租带数据库的空间。

建设小型站使用的主要前端编程语言分化为两大阵营：

基于 Linux/Unix + MySQL + PHP 的 PHP 阵营；

基于 Windows Server + Access/Microsoft SQL Server + ASP 的 ASP 阵营。

根据权威的 TIOBE 排行榜，在网络营销时代，PHP 曾经于 2004 年一度问鼎"编程语言排行榜"第一名（见表 2-1）。

表 2-1 编程语言排行

年份	编程语言
2017	C
2016	Go
2015	Java
2014	JavaScript
2013	Transact-SQL
2012	Object-C
2011	Object-C
2010	Python
2009	Go
2008	C
2007	Python
2006	Ruby
2005	Java
2004	PHP
2003	C++

我们会看到，使用微软的 ASP 语言开发网站，又会因数据库的选择面临着两种选择：使用 Access 数据库，还是 Microsoft SQL Server？这些选择都会影响租用虚拟主机的价格。

建站服务商还要操心的是网页的排版和管理网站后台的内容管理系统（Content Management System，CMS）或者开发框架。客户可以不关心这个，但服务商自己得考虑。某种语言的程序员好不好招聘，后期修改的难度大不大，客户使用起来简单不简单等问题。

有这样一则笑话：食脑僵尸国的食品店里，走进来一位僵尸。他见食品柜的价格标签上写着：C语言程序员脑髓，10元/斤；PHP程序员脑髓1000元/斤——非常困惑，便向老板询问为啥PHP程序员的脑髓恁贵？老板答道：抓获一名C语言程序员就能采得脑髓10斤，抓捕1000名PHP程序员所得的脑髓还不足1斤，所以PHP程序员的脑髓1斤售价1000元已经是良心价格了。

明眼人一看，哇，这是PHP程序员被人黑得最惨的一次！看过这段文字之后，有人认为PHP很容易学习；有人认为会PHP语言的人很多，不那么金贵；有人看到其中散发出来的强烈的傲慢与偏见。如果你在使用五笔字型输入汉字，会发现，输入p、h、p三个字母之后显示出来的汉字是"寂寞"。

有些企业认为做网站是个暴利行业，但大家有没有发现：提供建站服务的，要么是个人工作室，要么就是袖珍型小微公司。

不少公司在建设网站这件事上容易出现一些典型的问题：

（1）拼命地找建站服务商要功能，但网站上线后却弃之不用，无人打理。要会员系统，要论坛，要能注册，要找回密码，要能修改栏目名称，要无限级分层分类别，要能生成静态页面，要能自助交换友情链接……

（2）请问，首页设置3条新闻行不？不行！太少了，最少也要10条。2018年，你浏览他们的公司的网站首页，能看到2013年的新闻。对，五年前一位刚入职的、比较勤快的文员发布了一条新闻。

（3）老板参加了一个培训班，要求网站这样这样这样……结果一家广州的服装公司网站做得像一个服装行业门户网站。首页上堆满了所谓的"长尾关键词",如广州服装、广东服装、深圳服装、东莞服装、珠海服装、清远服装、佛山服装、湖南服装、长沙服装;服装加工、服装设计、服装培训、服装视频、服装模特⋯⋯他们的网站根本不是给人看的,只是给搜索引擎看的。想象一下,真正的客户打开这样的网站,会不会崩溃?

(4)首页做得很花哨,第二层只有几个页面。没办法,建站公司都是按照页数收费的。

(5)有家公司想做个功能齐全的网站,便招聘了一位专职全能人员来打理。一个月后,网站建成了,公司把那个全能人员辞退。那人也不是吃素的,直接把网站给删了。然后,删数据库,跑路。

(6)老板接到客户的电话:你们的网站怎么打不开了?啊,我们的网站为什么打不开了?问来问去,原来是域名、空间到期没有续费。还有的,域名过了"赎回期"从注册商的数据库里释放出来,被人抢走了。

(7)将网站内容更新的任务指派给公司的网管而不是营销职能的人,因为网管使用建站服务商开发出来的网站管理功能,更熟练一些。

第三步:做推广

网站上线了。如何让目标人群知道我们的网站呢?答案:做推广。可以利用的资源分成两大类:免费资源、收费资源。

(一)免费资源

那个时代,有多得数不清的行业门户网站。你有中国化工网,我就办一家环球化工网,可能你还会看到广东化工网、广州化工网、东莞化工网、黄江化工网等。此处的网名并未核实,可能并不存在。这些网站上,往往都可以注册免费的账号,发布产品信息、买卖信息等。

主动向搜索引擎提交网址、与合作伙伴交换网站链接、提交 dmoz.org

之类的人工目录，还有百度的贴吧、知道、百科之类的地方，在最初免费或者管理不严格的时候提交都不成问题，如今会审核掉，或者要收一笔金额可观的费用。58同城上可以发布各类交易信息。大众点评网上可以发布餐饮消费类相关的信息。

（二）收费资源

要想把所有的网站分门别类地排行得清清楚楚，很难。

在这个时代，门户网站Banner广告从来没有真正流行过。后期，由搜索引擎、电商平台推出的关键字广告成为最流行、最快捷的推广形式。做外贸出口的都会知道国际上为数不多的几个专业网站。做IT信息产品的，都应该知道太平洋网、it168等网站。这些专业的网站，还提供人物专访、产品测评之类的服务，当然都是收费的。

事实证明，只有收费，企业才会认真对待。免费的网站上，自助发布的内容都是乱七八糟，非常不认真。

那个时代，还有号称可以同时帮你把信息发布数百家网站上的"登录奇兵"。尽管发布内容的网站是免费的，但同时发布到十数百家网站的这个功能是收费的。

延深阅读：

电子商务

2000年前后，电子商务（即e-commerce）概念满天飞。1999年注册上线、2002年因多种原因关闭离场的8848.net，变成了电子商务的代名词，整天占据着各种媒体的显眼位置。很多人对B2B、B2C、C2C等概念困惑不解，又被跟随着风险投资而来的各种C字打头的头衔搞得晕头转向。

B2B（–Business to Business），商家对商家的业务，如 alibaba.com。

B2C（–Business to Consumer），商家对消费者的业务，如 vancl.com.cn。

C2C（–Consumer to Consumer），消费者对消费的业务，如淘宝，e-bay.com.cn。

C2B（–Consumer to Business），消费者对商家的业务，最近几年冒出来的订房网站采取的就是这种模式。消费者登录这类网站，发布消息：明天，我想在杭州订一间酒店房间，谁出价？让酒店来一单一单地抢客源？即使有自动化的工具来抢单，酒店有多大热情？这种模式到底能走多远，仍然是个未知数。

B2B2C（–Business to Business to Consumer），网上商城大卖场。自己有柜台，还把用不完的柜台出租。京东商城、当当网、天猫、亚马逊等就是这种模式。不同的是，天猫没有自己经营的"柜台"。

目前，达成的共识是，电子商务要提供四大服务：

（1）产品展示。

（2）产品交易撮合。

（3）产品在线支付。

（4）产品物流仓储。

对照一下，到目前为止，天猫、京东都做得不错。然而，支付宝直到 2005 年才正式面世。在 2000 年前后，首都电子商城提供的在线支付服务，有谁用过？

记得 2001 年某一天，笔者路过广州岗顶太平洋电脑城对面的嘉丽华大厦，见到门口一侧摆放着一个怪模怪样、展示台一样的东西，中间还有一个神秘莫测的显示屏幕，像是一个很高级的设备，便向朋友询问。一位交游极广的朋友答道：这是那个谁谁谁开办的电子商务公司制作的展示台，可以当场演示在线下单购买的全过程。原来，在那个展示台的漂亮的框架里面，"集成"了一台 CRT 显示器、一个计算机机箱和一台针式打印机，当然，也少不了鼠标和键盘。根本就不能上网，这套系统访问的只是存放在电脑上的一个网站。在那个网站下单，现场收款，会打印出一张送货单。你回到家里，不知道什么时候，货就能送你家中。

我不得不佩服那个谁谁谁的奇思妙想，但又因他把高大上的电子商务整得如此不堪感到愤怒。这也能叫电子商务？根本就是一个流动摊点嘛?！这样的电子商务网站，后果可想而知。

网络营销时代的早期，物流、支付还都成问题，在 2000 年前后，我们为客户开发的网站中，仍然有一种支付方式叫"邮政汇款"。

第三节　未来已来的移动营销时代

移动营销时代，始于 2015 年。上网的设备中，移动终端超过电脑；观看在线视频的人群超过看电视的人群。根据 Mary Meeker 的数据，从传统时代一直坚挺到 2017 年的电视媒体，作为一个整体，在全世界范围内，终于在浏览量、浏览人群和广告收入各方面被网络视频赶超。

进入移动营销时代，不少企业感到无所适从，感觉网站没有什么用处，感觉到一年也不会迎来一个真正的客户，域名、空间还要续费要花钱。要保留，就是在白白浪费本来就不充裕的资金。干脆——网站不要了！据广州的一位朋友说，他的客户是一家做收藏的企业，网站不要了，四个字母.com 后缀的域名也不要了。那位朋友自掏腰包为域名续了费，并于两年后，以 1 万元的价格出售了那个域名，小小地赚了一笔。

做传统业务的中小企业，还在跃跃欲试要开发自己的 App 吗？微信与美国的脸书相比较，微信有一个开通量巨大的微信钱包，但是，徒有海量的朋友圈内容、公众号内容，却缺少一个 HTML 5 的网站。让今日头条找到一个窗口机会和生存的空间。笔者不禁要问，不久的未来，微信会推出一个 HTML 5 的网页版，也变成"App + HTML 5"这种混合模式吗？

移动营销时代，营销信息的传播也遵守传播规律。或者因为大象无形，也或者因为我们"身在此山中"，移动营销时代的全局图景并不是那么容易把握。

笔者认为，这个时代有三大基本特征：入口碎片化、时间碎片化、传播碎片化。

第三章

移动营销时代的三大基本特征

穿山越岭，汽车终于停在一马平川的乡野近旁，然而宁静的川田背后，孕育着山崩地裂的狰狞。这一次的闪电是固定在大地上，长十五公里，深四百多米的裂痕令人望而生畏，岩壁像禅师一样淡泊，赤红的颜色犹如滴血的心。

——张欣《不在梅边在柳边》

或许每个人都承认，移动营销与网络营销有所不同，但怎么个不同法？有多大程度的不同？每个人又会因为没有细细地分析便匆匆忙忙下了结论，进而导致错误的营销结果。不过，运气好的话，也可能会歪打正着，大获全胜。

　　市场营销不能完全靠运气！

第一节　船行水中　岂能刻舟求剑

　　移动营销与网络营销相比，网络营销的范畴更大，移动营销则是网络营销的一个组成部分。所以，我们要将两者进行对比，只是比较他们不相同的那一部分。相同的部分我们置之不理，并不是说他们毫无共同之处。

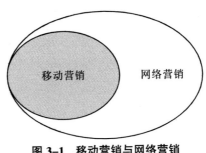

图 3-1 移动营销与网络营销

如此一来，我们所做的网络营销与移动营销的对比，不过就是移动营销与网络营销中非移动营销的对比。也就是图 3-1 中，阴影部分与空白部分的对比。我们的这种对比，就像是各国国内搞军事演习一样，明明都是同一个国家的军队，却非要一方扮红军，一方扮蓝军，搞对抗比赛。

一、终端设备

移动营销时代，手机、平板电脑之类的终端设备在使用频率、使用时长、使用场合都占据明显的网络空间；台式电脑、笔记本电脑尽管仍然在使用，则被视为网络营销时代的代表。手机、平板电脑的尺寸较小，使用的操作系统多为谷歌的安卓（Android）和苹果的 iOS。台式机、笔记本电脑的操作系统则以微软的 Windows 系列为主，如 Windows XP、Windows 7、Windows 8、Windows 10。当然，服务器上使用的操作系统以 Linux/ Unix 为主，不在本书的讨论范围之列。

网络营销时代，很多手机的屏幕较小。诺基亚的塞班（Symbian）操作系统占据统治地位。2000 年，笔者来到广州，还需要假借广州本地人的名义才能购买手机。外地人为什么不能购买手机？因为收费方式是先打电话后收费。你个外地人，居无定所，打了电话不给钱跑路了怎么办？为什么不先预缴费呢？大概是计费系统不支持预收费模式吧。

台式机、笔记本电脑携带不便，多为居家或办公使用。

二、访问终端

简言之，访问终端就是终端使用的软件。

移动营销时代，访问终端是手机 App，如微信、手机地图、支付宝；手机浏览器，则将网络营销时代的工具移植到手机上，如 UC，不过，被使用的机会不多。

网络营销时代，获取信息的工具一般是浏览器，如微软的 IE、火狐的（Firefox）、谷歌的 Chrome，中国的搜狗、猎豹浏览器等。2003 年前后，中国的网络营销服务商们"走火入魔"，纷纷开发出浏览器插件或者电脑终端。我们在浏览网页的时候，甚至在我们不想浏览网页的时候，会弹出一堆网页，或者直接是广告画面。我们称之为"流氓软件"。

这些"流氓软件"就像吸血的七腮鳗一样，贪婪地吸食我们那可怜的电脑原本就贫乏的内存和计算能力，轻则死机，重则破坏系统，必须重新安装才能暂时幸免。

还好，后来行业自律，流氓软件渐渐销声匿迹，淡出公众的视野。访问终端，由 PC 机上的浏览器，慢慢地被手机上五花八门的 App 取代。于是，入口由单一的浏览器，变成了数以百万计的 App。

三、网络连接

网络营销时代，秒速率 56K 的拨号上网，到后来的同轴线缆宽带，构成终端联网的主流方式。1998 年前后，国内民营企业纷纷投入到拨号上网的 ISP 业务当中。其中，最著名的当数瀛海威及其领军人物张树新。后来，随着电信网络在全国铺开，民营企业便没有了生存空间。其后，GSM / CDMA 上网时代，移动内容制作商 SP 业务兴旺过一段时间。还有人记得那红极一时的彩信、彩铃吗？

移动营销时代，中国移动、中国联通和中国电信的 3G、4G 移动网络，家庭里有无线路由供的 Wi-Fi 信号，以及公众场合提供的 Wi-Fi 成为联网的主要途径。

在企业内部，全体终端通过 Ethernet 共享上网成为常态。

四、浏览内容

新浪网刚刚问世的前后几年，各地信息港如雨如后春笋般纷纷冒出来。这些网站提供的内容基本上都是一个模式：新闻+聊天室+免费邮箱。

智能手机推出之前，手机的 WAP 时代，专注于移动内容制作业务的 SP 也曾红火过几年。标志性的事件就是《老鼠爱大米》作为手机铃声，单曲就挣到 500 万元！

网络营销时代，曾经有那么几年，Web 2.0 概念甚器尘上，似乎是互联网业发现的一座大金矿。其特色是业界推出了一系列技术，让 UGC（User Generated Content，用户制造的内容）的发布更为便捷。Ajax、博客系统等则充当那个时代标志性的前卫技术。美国的 Flickr.com、 del.icio.us、 piczo.com 被认为是在这个风口上会飞的猪。2006 年，美国《时代》杂志的年度人物封面是"YOU"，即指每个人。

移动营销时代的自媒体，则是 UGC 的翻版和升级。不过，是网络小说大热之后催生的，似乎是一个可以为每位写作者带来丰厚收入的行当。尘埃落定之后，人们才发现，仍然只有 1%的作者获得成功，其余的 99%则颗粒无收。

由于"网民"们的装备升级，在移动营销时代，不少草根内容，或者说是自媒体内容也能达到或相当接近专业水准。如网络大电影、小视频、10W+的自媒体文章书籍、网剧、网络直播的表演、音频节目等。

五、主力人群

二十多年来，网络人群，一直持续向高龄和低龄两个方向发展。根据中国互联网信息中心发布的第 42 次《中国互联网发展状况统计报告》：截至 2018 年 6 月，中国 8.02 亿网民中，10~39 岁群体占总体网民的 70.8%，其中：10~19 岁占 18.2%；20~29 岁占 27.9%；30~49 岁占 39.9%。

使用手机上网的网民则占上网人群的 98.3%。也就是说，手机网民达到 7.88 亿人。这就是移动营销的基础。排名第二的印度为 4.6 亿网民。把拥有 50 多个国家、6 个地区和 7.4 亿人口的欧洲看作一个整体，网民数量也达到 4.1 亿人。美国则以 2.5 亿人排名第三或者第四。

网络营销时代，在线的会员大多数是匿名的。如今，这种匿名的情况已经不存在了。至少，拿到的手机号码大部分是真实的。要想查询某位会员是谁，难度不大。

六、在线活动

根据中国互联网信息中心的报告，中国大陆在线的网站数量达到 544 万，活跃的手机 App 也有 415 万个。

在线活动的前 10 名由高到低分别是：即时通信、搜索引擎、网络新闻、网络视频、网络音乐、网卡支付、网络购物、网络游戏、网上银行和网络文学，在网民中的使用率从 94.3% 到 50.6% 不等。

七、即时场景

移动营销时代，网民们手持手机随时随地上网；而网络营销时代的后期，直到 2007 年，大部分上网时段集中在下班的 18：00~24：00。

下面将两个时代的主要特征汇总如表 3-1 所示。

表 3-1　特征汇总

比较项目	移动营销时代（2018）	网络营销时代（2007）
终端设备	手机、平板电脑	台式机、笔记本电脑
服务端	手机 App、HTML 5 网站	HTML 4 网站
网络连接	Wi-Fi、宽带、局域网、3G / 4G	拨号上网、宽带
浏览内容	网剧、游戏、社交媒体、小说 544 万个网站 + 415 万个手机 App	新闻、论坛、游戏、博客 150 万个网站
主力人群	30~49 岁：39.9%（2018 年 6 月）	18~30 岁，49.9%（2017 年底）
在线活动	即时通信、搜索引擎、网络新闻	即时通信、搜索引擎、网络音乐、网络游戏
即时场景	走路、吃饭、乘坐交通工具（随时随地）	主要集中在 18：00~24：00 点下班时段

第二节　客户去哪儿了

根据上面的简单对比我们就知道，网站数量由 2007 年的 150 万个，增加到 2018 年的 544 万个；手机 App 从寥寥可数发展到现在的 415 万个。这就是碎片化市场的鸟瞰图。

传统的、全世界范围的收视率大户"中国春晚"节目也被手机、网站抢了风头，号召力也在下降。有多少人，在春晚播出的时段在刷手机？传统的印刷品报纸、杂志面临着越来越严峻的下滑。到新浪微博、新浪博客上看一看，有多少家没有网站的杂志"寄生"在那里。

根据互联网女皇 Mary Meeker 报告中的权威数据，2017 年，全球网络视频广告投放金额已经超过电视广告投放。让我们把视线投向 2017 年中国市场上极富争议的电视剧《猎场》。一位自称看过 1300 多场电影，还总能写出有见地的影评人曾于里在一篇文章里写道：

"从 2016 年初到 2017 年底这一年多来，影视格局发生的一个本质性变化是：视频网站在崛起，电视台的地位在衰退，网剧迎来了'蜕变'之机。时下中国有 6 亿多人在使用移动视频 App，其中付费会员超过 1 亿，每个月活跃用户超过 10 亿。电视开机率下降，电视剧收视率下滑明显，而且它们失去的正是 15~35 岁这个最理想年龄段的观众群。以前是"先台后网"，现在流行的是（先网后台），或者网站独播……"

什么情况？他说，连续剧的主流观看人群不是坐在电视机的人群，而是拿着手机的 15~35 岁的年轻人群。于是，连续剧不能再叫"电视剧"，而应该改称"网剧"。中国市场上，网络广告投放超过电视广告，还要多久？

2017 年的一篇报道爆出惊人真相：80% 的二、三线卫视的收视率接近于零！青海、内蒙古和海南则早已将卫视的"壳"卖掉。

客户去哪儿了？相信每个人都已经知道答案。

第三节 最短的距离

以前学习立体几何，说有一个小蚂蚁从边长为 1 米的正方体一边的中点 A 爬到对面上方的一个顶点 B 点，问小蚂蚁爬行过去最短的距离是多少？

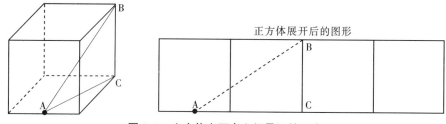

正方体展开后的图形

图 3-2 立方体上两点之间最短的距离

当然，正方体的展开图形有六个面。如图 3-2 所示，为了美观，省略了两个面。我当时在想，从 A 点到 B 点，直接在 A、B 之间连一条直线不就成了吗？根本没有想到，这个正方体可能是个铁疙瘩，小蚂蚁只能顺着边缘爬过去，从中间钻洞的可能性一点儿也没有。

经过老师的开导，笔者终于想明白了这个道理，还学会了在想象中把这个正方体像拆纸箱一样拆成一个长条形。还知道省略了两个面，并不影响找出正确答案。这个时候，线段 AB 的长度就是小蚂蚁要爬行的最短距离：

$$AB = \sqrt{4C^2 + \overline{BC}^2} \approx 1.8 \text{（米）}$$

其诀窍在于转变思想，把复杂的三维立体问题转变成二维平面问题。难道这就是"降维攻击"？

企业一直在苦苦寻找一条能直达客户的最短距离。在移动互联网的层峦叠嶂、高峡密林中，营销人们又将如何找到适合自己企业的、通幽的曲径？问自己这几个问题：

（1）客户浏览我们的网站，我们知道吗？

（2）客户有途径给我们留言吗？

（3）我们会将客户的留言记录下来吗？

（4）我们有适合手机浏览的内容吗？

（5）业务人员跟进的客户联系方式，我们有记录吗？

（6）售后得到的客户联系方式，我们有记录吗？

（7）客户出没的"场所"，我们有派人"等候"吗？

其实，很多企业已经因自家的网站获取不到有用的销售线索而感到失望透顶，不再抱任何期望。在线留言，从来没有人查看。客户在线提问，也不会得到回答。企业只看到一个面，没有切换到另一个面，看不到客户寻找供应商的难处。转变一下思想，把事情想得简单一点儿，多一点儿坚持，就会事半功倍。

有人用三句总结了这种怪现象：运营商知道你是谁，却不知道你要什么；百度知道你要什么，却不知道你是谁；微信知道你要什么，还知道你是谁。

透过以上的现象，我们不难总结出移动营销时代的三大基本特征：

（1）入口碎片化；

（2）时间碎片化；

（3）传播碎片化。

第四节　第一大特征：入口碎片化

网络营销时代，百度、阿里、腾讯三强崛起，号称 BAT。这三个集团，如今在中国互联网业形成一股宏大的业态组合，是营销绕不过的三条通道。前面说过，有人将 BAT 视为营销道路上的三座大山，而有人则将 BAT 视为机会。

网络营销时代的入口只有一个：浏览器。

最常见的服务内容模式是：浏览器＋HTML 4 网站。

浏览器细分下来，也就那么几个：

（1）微软的 Internet Explorer；

（2）火狐 Firefox；

（3）谷歌的 Chrome；

（4）360 安全浏览器；

（5）猎豹浏览器；

（6）搜狗浏览器。

移动营销时代的营销疆域上，BAT 派系的规模更加庞大，地形更加错综复杂。营销内容的载体，毫无悬念地变成一种"App + HTML 5"混合体系。如今日头条，有 HTML 5 的网站，也有 App 客户端。天猫、京东、百度、新浪、微博、网易、搜狐、携程、51Job 等无一例外。成长起来的企业，变成移动营销天地之间一座座山峰。

作为中小型企业，且主业不是互联网业态的，根本没有必要考虑这些无法控制的因素，只能将其视为生存环境。当然，立志要"推翻"BAT 三座大山者可以无视本忠告。因为，时至今日，不断地有新生力量在移动营销的版图上崛起。

"寡头割据"时代降临，BAT 都投资了哪些与我们的营销通道相关的公司？

一、百度系

（1）2007 年 8 月，百度用现金+股票的方式收购 hao123.com，约合 4000 万元。这是一个人工收集整理的互联网网站目录。因其数量庞大的用户基础而成为网络营销时代的互联网流量之口。

（2）2012 年 11 月，百度宣布收购一家美国私募基金持有的爱奇艺股份，从而持有其绝大部分股份。2013 年 5 月，百度宣布 3.7 亿美元收购 PPS 视频网站，并将其并入爱奇艺。

（3）2013 年 8 月，百度宣布向糯米网战略投资 1.6 亿美元，获得约 59%股份，成为糯米网第一大股东。

（4）2013 年 10 月，以 19 亿美元的价格收购 91 无线。

（5）电视领域投资了嬉牛互娱、灵活文心、海东明日、任性文化、华策爱奇艺、东阳浩瀚、灵活佳壹、海宁盛夏影业、华熙泰和、闲工夫文化、爆娱文化、上海影视传媒股份有限公司、万年影业、归艺影视、酷开网络科技有限公司。

（6）综艺制作领域投资了黑镜数码。

（7）艺人经纪领域投资了果然天空、爱豆世纪、刺猬兄弟。

（8）动漫领域投资轻文网、时代漫王、丹青映画。

（9）2018 年 8 月 17 日，爱奇艺以 20 亿元的价格收购以手机游戏开发为主业的成都天象互娱 100%的股权。

二、阿里系

（1）2012 年阿里巴巴入股"社交+娱乐"的陌陌，并两批注入 2500 万美元，占股超过 20%。2014 年，陌陌在美国上市，目前市值近 100 亿美元。

（2）2013 年收购新浪微博 18%股份。

（3）2014 年 4 月阿里收购华数传媒 40%股权。

（4）2014 年 4 月，阿里和云峰基金宣布收购优酷网、土豆网。

（5）自 2014 年阿里巴巴收购港股上市公司"文化中国"并更名为"阿里影业"起，这家公司便在电影领域投资了优酷、光线传媒、华谊兄弟、博纳影业、万达电影、鸣涧影业、阿里巴巴影业、和和影业、东方嘉影、大地影院、星际影城、凤凰佳影、淘票票、娱乐宝。

（6）在文娱领域投资了磨铁图书、大鱼快乐、仁仁影视、东阳天世、云尚文心、中汇影视、好酷影视、知了青年、耀客传媒、新片场、申城影视、稻草熊影业、灵活文化、自瑟文化、骏声影业、东阳小宇宙影视、非凡响影视、兴格文化、东阳浩瀚、光芒影业、Showtime Analytics、AcFun。

（7）综艺制作领域投资了银河酷娱、单立人文化、优制娱乐、七维动力。

（8）艺人经纪领域投资了容艺教育、酷漾影视、飞宝文化、上海影视传媒股份有限公司。

（9）动漫领域投资了方块学园、璀璨星空、灌木文化、左袋文化、两点十分动漫、上海暴走。

三、腾讯系

（1）在动漫领域投资了天闻角川、有狐科技、丛潇动漫、悟漫田、绘梦动画、玄机科技、糖人动漫、艺画开天、徒子文化、铁鳞社、动漫堂、乐匠文化、铸梦文化、幕星社、腾讯动漫、艾尔平方、原力动漫。

（2）在电影领域投资了阅文集团、博纳影业、华谊兄弟、工夫影业、腾讯影业、微影时代、腾影影视、双羯影业、灵活影视、苍穹互娱、七印象文化、萌影视、耀客传媒、灵龙文化、稻来传媒、北京坏小弟、优扬文化、新丽传媒。

（3）综艺内容制作领域的原子娱乐、哇唧唧哇、皙悦文化。

（4）艺人经纪领域的上海影视传媒股份有限公司、唯壹文化。

（5）值得一提的是，2018 年 3 月阅文集团以 155 亿元收购新丽传媒的 100% 股份。2015 年 1 月，腾讯以 50 亿元收购盛大文学，与腾讯文化合并成立阅文集团，于 2017 年在香港上市，市值直抵 928 亿港元。其旗下除刚刚收购的新丽传媒，还拥有创世中文网、起点中文网、起点国际、云起书院、起点女生网、红袖添香、潇湘书院、小说阅读网、言情小说吧、中智博文、华文天下、聚石文华、榕树下、天方听书网、懒人听书等品牌，由此涉足 IP 原创、图书出版、数字发行、音频听书业务领域。

（6）腾讯因早年投资 4.45 亿美元到搜狗搜索，取得 45% 的股份，成为最大的股东。搜狗已经于 2017 年上市，市值达到 52.9 亿美元。

（7）2018 年 6 月 30 日在美国上市的"社交+电商"拼多多，腾讯持股 18.5%，是继创始人之后的第二大股东。

（8）2018 年 9 月 14 日在美国上市、市值达 25 亿美元的"趣头条"

中，腾讯是第四大股东。

（9）2018 年 9 月 20 日，美团点评正式上市，开盘价报 72.9 港元/股，总市值报 4003 亿港元。腾讯持股 20.14%，是第一大股东。美团旗下的猫眼电影在网络购票市场中占 60% 以上份额。

BAT 三大集团的网站、App 多得难以统计。想一想，在中国，年营收不足 2000 万元、被列为"规模以下"的中小企业有多大能量能要求他们做出改变？

第五节　第二大特征：时间碎片化

根据中国互联网信息中心的统计报告，在网络营销时代，上网的大部分时间集中在晚上。如今呢？一周平均上网 27 小时，增长不多。打开手机比打开电脑容易多了。上网的优势时段，在全天的优势比较中不再明显，调查中干脆把这个项目取消了。

时间碎片化表现在两个方面。

一、使用手机的时长碎片化

自从手机上网占据了统治地位之后。人们拿着手机，随时随地刷刷刷。等公交车的几分钟刷手机；坐在公交车上的十几分钟刷手机；乘地铁，甚至在等人的时候刷手机；几个人坐在一起吃饭，也都拿着手机刷屏不看彼此；一家人新团圆饭桌，个个刷手机，让爷爷、奶奶感觉被冷落……

人与人之间聊天的机会少了很多。有的人一边走路一边刷手机，摔跤的，甚至丢了性命的都时有发生。这样的时间都很短暂，几分钟、十分钟，都不是大段的时间。

二、使用应用的时长碎片化

人们拿着手机，也不是在使用一个软件。一会儿打开百度地图来查找乘车路线；一会儿打开聊天工具，看看有没有朋友给自己发的信息；或者看看微信朋友圈里面有什么新鲜事；或者打开新闻 App，看新闻；找工作的要看手机以防错过面试邀请……有的干脆拿玩一会儿游戏；还有的看电视剧等。

各个 App 或网站获得的关注，也都碎成一地鸡毛。

第六节　第三大特征：传播碎片化

中午，你走出办公楼，一阵清凉的风吹过来，你打了个冷战，感觉到寒意。这不是传播的结果。清晨，你推开窗户，听到一阵清脆的鸟鸣声，惊讶地发现，自己很久没有听到鸟叫的声音了。如今，在这大都市的社区里听到它，竟然回想起自己童年的小村庄。这也不是传播。

你打开手机想看看时间，金山词霸的屏保跳出来，显示两条绿油油的丝瓜，旁边就能看到它的英文单词 luffa。这两条丝瓜就是营销信息，要诱使我们继续看下去。每天五个单词，每日一句，或者干脆报个培训班吧，或者你打开这个软件的时候，它直接给你展示一个全屏的广告。

你走在街道上，楼面上的 LED 广告牌、车身上的广告甚至在夜晚，有人把广告画面投射到地面上……这些都是营销信息。

然而，这个时代，传播也碎落一地。传播的碎片化表现在以下几个维度：

一、传播的载体多样化

很多给我们提供服务的 App，比如说"平安好车主"，也会提供与交通、用车相关的新闻、驾车攻略和其他相关购物、维护信息。中国市场中，400 多万个手机 App，在近 8 亿部手机里各自找到了自己的生存空间。正向看，是传播载体的多样化；反向看，则是人群被划分为 400 多万个大大小小的群体。

二、传播的形式多样化

传播采用的是什么形式？

新闻、文章、小说、小视频、大视频、音乐、漫画、语音、歌曲、主播综艺、网络大电影、电影、书籍、问答、百科，还有可以边看边弹幕的视频等，都是不同传播的形式。在中国，每一种形式的传播中，排名第一的应用 App 都有上亿名用户。碎不碎？

三、内容制作主体多样化

与正规的出版社、电视台、广播电台、报纸、杂志等相对应，个人也能发布在线小说或连载、制作电子书、发布小视频、发布自媒体文章等，也能发布高质量的节目内容。

社交媒体的发达，让普通人也能发出自己的声音。一位曾经在国有企业当过厂长的大爷，刚刚学会使用微信，就拿起手机给自己的老部下、老朋友打电话，指挥他们买手机，装微信，再一一拉进自己组建的微信朋友聊天群，忙得不亦乐乎。一时间，他发现，原来远隔千山万水，也可以和朋友联系，真好玩儿。从厂长到群主，这是多么神奇的身份转换。

我们最相信朋友、相信家人、相信我们身边的"专家"。他们的一句话，抵得过品牌广告一百次轰炸。物以类聚，人以群分。社交软件将一群群人紧密地团结在群主的周围。一呼百应的群主就是我们身边的"专家"、意见领袖。他们的推荐、意见就是口碑。在受众眼里，他们发出的信息，绝对是精选的信息，是最有穿透力的信息。类似一位居民社区群的妈妈群主，发一条消息，就帮人卖掉两卡车苹果的事情也是时有耳闻。

这些人，通过社交软件，传播着各种各样的信息。

第四章

移动营销的理论依据

　　落雪的时候，鸟都不飞，云也不飘，只有界岭小学的笛声还能与雪花一道轻舞飞扬。那些住在界岭深处的人家，从未听过这样的笛声。那一天，他们正在火塘边昏昏欲睡，忽然听到一种声音，正以为是火星溅响，冬天到来时贴上的窗纸，像笛膜一样抖了几下，将一串悠长的颤音送到被白雪映照的老屋里。

——刘醒龙《天行者》

一曲嘹亮的歌声，如何能在数万名歌迷聚集的现场，让所有人热血澎湃，群情激昂？

如此一个形象的场景，运用形象思维，我们都知道答案。不过，我们要接受一个残酷的现实，即，在现实的世界里，大部分品牌无法像明星一样站在高台上；无法邀请到一大批铁杆的粉丝到场；无法负担得起高昂的场地费用……但，我们仍然要思考，如何让自己的品牌发出的声音，不被别的品牌的声音淹没。

如何将一升柔弱无状的水，投射到远处，甚至成为极具杀伤力的武器？

这个问题，一半是抽象，一半是形象。在现有的技术条件下，有无数种组合和可能。将水装进瓶子里，用力投掷；将水装进高压水枪，高压喷射；将水冻成冰球，用弹弓类似的弹射装置抛投……

如何打造有穿透力的营销信息？

答案可能也跟上面的例子类似，如：

（1）信息要经过挑选。即使是歌星的演唱会，他/她也要精心挑选自己要表演的曲目。要有大家耳熟能详的、已经大红大紫的歌曲以引起共鸣和现场互动，也要有新歌，以在粉丝群中保持新鲜感。柔弱无状的水冷冻成冰颗粒，甚至是冰锥，也可以视为一种信息的精选和提炼。

（2）信息要经过封装。歌星会解释为什么唱这一首歌。因为这是我最喜欢的一首歌，或者这首歌让我怀念一个人。这就是包装，或者专业一点儿，是封装。歌星将一首歌封装进一个情感的容器里，将数万粉丝感动得稀里哗啦，泪"牛"满面。同样，要投射到很远的距离，或者造成很强的破坏力，冰的形状也需要封装，或者是冰锥，或者是冰球。

（3）传播速度要快或站的位置要高。稍稍有点物理常识的人都知道，站得高就是要保持高势能，向下运动最终会转变成速度。在演唱会现场，站在高台上，也是视觉的需要。要让粉丝们看得见。站在高处，用弹射力最强的装置投掷冰球或冰锥，会达到很远的距离和很快的末端速度。

（4）排除干扰。明星们很清楚这一点。女明星打扮得性感；男明星露出"小毛"；奇装异服如 Lady Gaga；现场要维持秩序……冰球、冰锥的表面要光洁，可以最大限度地减少阻力。

（5）努力加速。明星们要全身心地表演；发射冰球时要选择向上 45度角，以求达到抛物线最大射程。

（6）定向挑选目标。一通定向宣传之后，舍得购票来演唱会的大多是粉丝，一般不会是来踢场子的。如果发射冰球是要打击敌人的话，那一定要打击他们防御薄弱的身体部位——请原谅，又将大家带回冷兵器时代。

上面的对比分析似乎有些道理，真的能指导打造所谓的高动能、有穿透力的营销信息吗？会不会是牵强附会的解释呢？下面，我们再来阅读信息论之父的传播理论，寻找这个问题答案。

第一节　挑选　提升信息的价值

营销过程，从本质上说，就是信息的传递过程。

提起信息，绕不开一个人：克劳德·香农（Claude Shannon）。他是美国数学家、电气工程师、密码学专家，被业界尊称为"信息论之父"。1937 年，他在麻省理工学院攻读读研究生毕业的那一年，因发表数字电路设计理论而闻名。1948 年，则因发表论文《通信中的数学原理》一举成名。

如果要将声音、图像、视频、文字归为一类，那么这个类应该叫什么名字？克劳德·香农第一个意识到人类社会需要这么一个类别，还专门为这个类别取了一个名字：信息。

水可以用体积单位"升"来测量；人的身高可以用"厘米"来测量；气温可以用"摄氏度"来测量……但是，信息的数量用什么来测量呢？香农说，用"比特"（Bit）来测量。他还创造性地将热力学单位"熵"引入信息领域，用作测量信息的无序程度。他发现，信息是个很奇怪的东西。你将信息分享出去，并不会失去它；如果你有选择性地分享信息，信息的价值还会增加；任何信息都是已知和未知、意料之中和意料之外的组合。

香农将信息的传播过程简化成如下一个过程，如图 4-1 所示。

图 4-1 中除了传播中的信息之外，还有五个重要元素，即：

（1）信息源；

（2）信息发送器；

（3）噪声源；

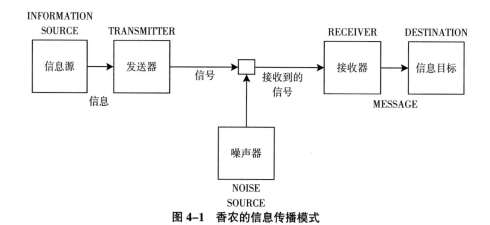

图 4-1 香农的信息传播模式

（4）接收器；

（5）目标人群或信息客体。

本书并非要研究信息传播技术。我们不妨从营销的角度来解读信息传播模式：①代表品牌、厂商或营销机构；②代表营销传播过程中的媒质；③代表负面信息、直接或间接的竞争信息；④代表目标人群使用的终端；⑤代表目标人群，即营销信息的客体。

香农的最初目标是简单的：改进受电子干扰，或噪音影响的电报或电话线上的信息传递。他断定，最好的解决方法不是改进传递线路，而是更有效地包装信息。这个才是我们需要关注的重点。

借助香农的理论，我们得出移动营销环境下的信息传播的基本经验：

（1）信息需要精心挑选，也可以称为精心包装；

（2）市场中有噪声，品牌需要自我降噪；

（3）要借助市场提供的传播通道。

最佳的营销信息是精选出来的，不是编造出来的。就像一个人的形象，可以化妆，穿不同的服饰，用照相机从最好的角度和距离拍摄，而不是图形处理软件修饰出来的，更不是用别人的照片冒名顶替。在移动营销时代，编造出来的谎言随时会被揭穿。然而，现实世界中，不论是人的相貌，还是企业的产品、服务，都不可能完美无缺，总会有不尽如人意的地方，因此，营销人能做的，就是对信息进行挑选。

如果你觉得前面所述的内容玄之又玄，虚之又虚，那么我们一起去拜访卖水果的李大爷和小明。

李大爷在菜市场入口处开了一家水果店。昨天，他以 2 元一斤的价格购进 100 斤苹果。这些苹果的个头有大有小；有的颜色红扑扑，有的颜色泛黄青，有的则多黑点。这些难不倒他。第二天一大早，李大爷老两口将新上市的苹果摆放成三堆：一堆又大又红，5 元/斤，共计 40 斤；一堆个头适中 3 元/斤，共计 50 斤；一堆个头小，形状也歪歪扭扭的，表皮颜色不好看，甚至还有黑点和破损，1.8 元/斤，共计 10 斤。要买水果送人的直接买贵的；自己吃且比较讲究的，有买贵的，也有买中等的；自己吃但不讲究的，就买最便宜的。于是，李大爷的 100 斤苹果两天内就销售一空，营收是 368 元。

无处不在的小明在李大爷的对面，也开了一家水果店。明天，小明也以 2 元一斤的价格购进 100 斤苹果。这些苹果的个头有大有小；有的颜色红扑扑，有的颜色泛黄青，有的则多黑点。这些也难不倒小明。第二天，他也把新进的苹果堆放到摊位上，标价 3 块钱一斤。精明的、不赶时间的大叔大妈，站在摊位前挑挑拣拣，把 40 斤又大又红的苹果买走了，最后剩下 10 斤的卖相不好也要 3 元/斤，放了很长时间也没人要，降价到 1 元/斤才有人肯买。小明这批苹果一个星期才卖完，最后的营收是 280 元，比李大爷少赚 88 元。

小明不愿意花时间挑选苹果，其价值让一部分愿意花时间挑选的顾客赚走了。

第二节　信息的封装

香农的理论及实践提醒我们，不要试图改变传播通道，要把注意力放到信息封装上来。香农当时面临的是美国电报电话公司的物理线路，因大量使用铜线，被一位教授称之为"世界上最大的铜矿"。进行一次技术改造升级，不仅需要大量的资金，还需要巨大的人力和冗长的升级周期。如果可以通过改进信息的封装方式，克服系统中固有的"噪声"，提高线路的利用率，可以事半功倍。比如在传播的信息中设置校验码，就可以大大提高传播信息的正确率。有这么一个 16 位的信息串（见图 4-2）：

1010001010101001

图 4-2　16 位信息串

前面 15 位是信息，第 16 位是校验位。校验（挑选）的机制是这样的：

前面 15 位中 1 的数量为单时，第 16 位为 1；

前面 15 位中 1 的数量为双时，第 16 位为 0。

接收端收到一个 16 位长的信息串时，如果发现这个信息串是以下两种情况，就会丢弃它，要求重新发送：

前面 15 位中 1 的数量为单，但是第 16 位却是 0；

前面 15 位中 1 的数量为双，但是第 16 位却是 1。

如此一来，信息串的正确率是不是得到大幅度的提升呢？是不是可以认为，经过挑选的信息和精心地封装，信息的价值得到大大的提升呢？

可是，在营销领域，如何进行信息的封装，或者如何找到自己的

"核心信息"？答案是：要对自家信息精心挑选，而不是编造瞎话。因为，挑选信息就会增加其价值。

从另外一个角度看，在营销领域，营销者们可以利用的传播通道都是实力强大的玩家如电视台、报纸、杂志、户外媒体、门户网站、搜索引擎、社交媒体、电商平台等？想要改变他们？还是洗洗睡吧。所以，认真地包装自己的信息才是正路子。

玩这个游戏，传统的广告公司、公关公司都不是外行，都知道提炼品牌的"核心信息"（Key Message）至关重要。2006年，箭牌糖果在全球范围内发力，全面宣传"咀嚼益处"。针对中小学生，强调无糖口香糖对护齿的好处；针对成年人群，则强调咀嚼对减轻压力的好处。当然，嚼口香糖可以保持口气清新则是箭牌的主打信息。护齿、减压、口气清新就是口香糖带给人们的好处，是精心封装的核心信息。

信息越精准，越简练，就越有穿透力，就越是能在纷繁嘈杂的市场中高效地传播。网络营销时代的博客，每个人想怎么写，就怎么写，发布上去，要不是审核推荐，直接按照时间发布顺序显示在首页，肯定会看到杂乱无章的、根本算不上是文章的文字。于是，在博客系列里，Tumblr.com以轻博客之名脱颖而出，引发国内一阵模仿潮。在问答的系列里，Quora.com、stackoverflow.com，以及中国的知乎，信息的质量都非常高。说实话，百度知道提问的水平及回答的水平都有待提高。

潜心提升内容质量，即注重信息封装的网站必定会走向成功，如鸟类网（www.niaolei.org.cn）、中国植物图像库（www.plantphoto.cn）、CTEX.org等网站。

可能很多人都没有意识到：今日头条真正的威力，在于聚拢了一批优质的作者。没有优质内容，算法再优秀都是瞎扯。百家号、企鹅号对待原创作者冷冰冰的态度，正是他们无法与今日头条抗衡的主要原因。

不相信的，可以以作者身份到三个平台去申请一下，再提一两个问题，看看有没有人搭理你。

另外，我们可以看到，企业发布到天猫、京东平台的产品介绍，跟他们自己官方网站上的产品介绍，一般都是天壤之别。多少家企业自己官方网站上的产品介绍，只发一两张图片，再加上几行文字便草草了事。笔者曾经为一家印刷电路板公司打理过后台程序，曾见到过一位英特尔工程师的留言。留言的大意是说，你们的官方网站上发布的产品介绍如此简单，不知道会流失多少订单。并指出一些基础信息必须发布，否则……这家公司虚心接受，不但详细地列出长长的技术参数，还为每个产品发布出中、英两种语言版本的 PDF 技术说明书。

借香农的理论一言以蔽之：最简单的封装就是对信息进行挑选。卖水果的人，批发来一批水果，进行简单的拣选分成上、中、下三个等级。卖相好的最贵；卖相不好的最便宜；处于中间的则跟竞争对手差不多价格。有的顾客图便宜，卖相不好也买得高高兴兴。这样就把不好的水果快速处理掉。卖相好的可以获得更高的利润，还能满足出得起钱的客户的需求。

第三节　平　台

任何一个可提升我们品牌的媒介，都是一个平台。

站得高，声音传播得就远，发射出去的冰球的射程就会更远，这是基本的常识。营销领域，我们要选择"高"位置，发出的声音才能更响亮，传播范围更广，影响力越大，穿透力就越强！

如前一段时间，营销螺旋藻的保健品公司会说螺旋藻有营养，并从联合国粮农组织的官方网站上找来官方推荐的片言只语，也证明其可信度。联合国，在普通大众心目里，还是一个高大上的机构，是一个具有高可信度的平台。其实，粮农组织不过是说，没有粮食吃的时候，吃吃螺旋藻也是可以的。

在所有的电视台中，中央电视台最具权威性。在中央电视台上发布的广告带来的说服效果，可以秒杀一个县级电视台上发布的广告，也是因为这个平台"高"的缘故。

第四节 降 噪

通信通道中，有很多噪声，原因可能是：有的是电磁干扰，有的是接线不牢，有的是设备缺陷……

营销的传播过程中，也会有很多噪声：有的来自竞争对手，有的来自企业内部，有的来自社会公众。一家企业销售纯棉衬衫，会竭力强调棉的舒适、高档视觉、挺括。竞争对手可能会说，纯棉的容易起皱，不容易晾干，容易起球……这就是最强力的噪声。

一、来自内部的噪声

有时候，不同的声音则来自企业内部。市场部门对外宣传，我们的印刷设备都是全新进口德国海德堡六色印刷机。却有技术人员在外面发表文章讲，公司的印刷设备多为二手设备，故障率高，我用了什么什么办法解决了什么什么问题。这样的文章，一旦被"细心"的竞争对手发现，爆一个造假丑闻，公司的信用何在？

二、无意中制造的噪声

曾经，一个大型电气开关公司的网站上，员工内部论坛也是网站的一级栏目，不注册可以浏览，但不可以发帖。只要竞争对手稍加分析，都可以找到很多攻击点。这也是企业品牌噪声常见源之一。

三、处理不当引发的噪声

某大型公司的部门总监跟下属搞婚外情，家属向公司领导反映，未果，还闹了离婚。家属恼羞成怒，便向该公司群发邮件，把总监与下属女子的各种照片、各种猛料都爆出来，还向社会大量发送，一时间公司内部人心浮动，公众形象也蒙上一层阴影。

四、对手制造的噪声

2005 年 7 月 20 日，微软全球副总裁李开复从微软离职后，闪电担任谷歌全球副总裁兼中国区总裁。消息一出，第二天，微软即发起诉讼，起诉谷歌和李开复违反同业禁止条款。旷日持久的官司必定牵扯其精力，微软也达到了惩罚竞争对手的目的。这就是竞争对手制造的噪声。

五、突发事件制造的噪声

根据《中国日报》2018 年 8 月 16 日报道，日本国土交通省近日发布消息称，马自达、铃木和雅马哈发动机 3 家日本公司在对新车燃效等方面的测试中被发现存在不当检查。这 3 家公司先后召开记者会，承认在整车尾气和燃效测定试验中存在篡改测定值的违规行为。日本媒体认为，再次被曝光的造假丑闻不仅大大降低了消费者对日本汽车企业的信心，甚至严重损害了长久以来人们对"日本制造"的信赖。

联想起自 2016 年 4 月引爆三菱汽车的油耗造假丑闻；2017 年 6 月，高田气囊安全隐患被揭发；2017 年 10 月，日产、斯巴鲁被发现"不当质检"；2017 年 10 月 8 日，日本第三大钢铁制造企业神户制钢"参数造假"；11 月 23 日，日本三菱材料株式会社发布消息，承认其子公司三菱电线工业和三菱伸铜有篡改汽车、飞机等产品数据的造假行为……

品牌商遭遇这样的突发事件，对营销肯定会造成不小的冲击。这哪里是噪声啊？根本就是晴天霹雳好不好？

所以，政府有新闻发言人，保证对外信息发布口径一致，不要相互矛盾。大型公司的公关部，负责接待或安排各种媒体的采访和咨询，也是降噪的一种操作方式。降噪、预防噪声应该成为营销部门的工作之一，事后救火不但被动，而且可会产生无法挽回的灭顶之灾。

第五节　加　速

传播加速有很多方法。如增加信息的投放密度、适当地延长每次投放的时间长度，都是加速的举措。然而，在这里，我们专门讲一讲小微企业可以利用得到的加速方法：社交传播。

2006 年，美国脑科学专家马休·利伯曼出版了《社交天性》的书，引起强烈的社会反响，畅销一时。这本书里讲了一个试验——1997 年华盛顿大学的一组研究人员利用 PET 进行的脑部试验——表明：人在完成一个任务时，激活了大脑某一片区域，却让大脑中原本活动的区域进入一种特别平静、消极状态。这片区域的名字叫"任务感应钝化网络"（Task Induced Deactivation Network）。也就是说，在大脑要完成多种不同的任务（如记忆、辨认）时，会激活不同的脑区，但都会关掉这个名叫"任务感应钝化网络"的脑区。也就是说，它对任务的反应就是没反应。一旦试验人员告诉被试验的人"休息一会儿"时，这片脑区马上就兴奋起来。后来，人们把这片脑区叫"默认网络"（Default Network）。并且，还发现了"默认网络"就是负责社交活动的脑区。

这个"默认网络"的发现，很好地解释了下面这些奇怪的社会现象：

美国人每年在社交网站上花费的时间为 580 亿分钟，跟他们在宗教上花费的时间——840 亿分钟形成非常鲜明的对比。

美国人每年捐出的慈善款项是 3000 亿美元。而中国的民众在 2017 年也捐出 1500 亿元。

一个调查显示，在公众面前演讲带来的恐惧，仅次于死亡带来的恐惧。而有的人，宁愿死掉，也不愿意在公众面前演讲。

社交，是大脑的缺省工作状态。社交，将人类更加有效地团结起来。社交，也是如今社交软件如微信、社交网站如 Facebook 成功的心理需求的基础。

社交，也是我们在移动营销时代必须认真关注的课题。

第六节　分　众

哪些人群是我们要吸引的？哪些人群是我们要排除的？

不可能每个人都能成为我们的客户。所以，我们需要对目标人群进行区分，定向传播。正如前面的明星演唱会，他们依靠销售门票，将真正的粉丝聚拢到一起。这是区分人群的方法。已经写入工商管理教材的歧视营销法，很早就有人在深圳地产界应用。

一个豪宅楼盘开市发售，气球、花车、巨型拱门、红毯、彩旗、嫩模将售楼大厅内外装扮出一种特别的气象，像是戛纳电影节的颁奖仪式就要拉开帷幕。你开着一辆奇瑞、比亚迪或者卡罗拉轿车兴冲冲地跟随着车流往前行进，想要进去看个热闹，要是有便宜点的房子兴许你可以再买一套。

来到宽敞的入口处，一名身着漂亮制服、头戴法式贝雷帽的保安伸手拦下你的车，嘴里在说着什么。另一名保安一手背在身后，另一只戴着雪白手套的手连连向侧边一个专用的掉头车道摆动，示意要你掉头回去。他的动作很有范儿，表情却甚是倨傲。

你摇下车窗，问道：怎么啦？

保安微微俯身，说道：先生，请马上离开。我们卖的是豪宅，不是普通房子。说罢，他抬手指了指前面一个精美的大牌子。上面说衣冠不整、仪容不佳者恕不接待倒能理解，另一条说"步行前来的或驾驶的车辆非豪车的恕不接待"却不可理喻。

你明白了。卖房的地产公司嫌弃你的车。不对，他们看到你开着一辆普通的轿车便断定你买不起他们的房子！你感觉受到侮辱，火冒三丈，骂骂咧咧，但却无法改变保安的态度，而且还把自己弄得像个骂街的泼妇。坐在后面的豪车里的人，目睹这一过程，还饶有兴趣地看着怒气冲冲的你驾车而去，心里升腾起一种异常庄重的情感。他感觉到这个豪宅开发商真正理解有钱人，不买一套、两套还真对不起人家。

歧视性营销策略如运用得当，不激起众怒，也能起到分众的目的，甚至加速营销过程，提升效率。

正是因为移动营销时代三大碎片化特征，在各个品牌看来，注意力越来越成为稀缺资源，获取的成本越来越高昂，难度越来越大。这都要求营销过程中对人群进行分众。从另一个角度看，不过是提前一步，为品牌的市场定位做铺垫。

分众有很多方法。后面，笔者还会谈到手机对人群进行的分众。

稀缺的资源

1971 年，美国 Herbert Simon 写道："在一个信息丰富的世界里，信息的丰富意味着其他资源的贫乏：信息需要消耗的资源的贫乏。信息消耗的资源显而易见，它消耗的是其客体的注意力。所以，海量的信息造成注意力的稀缺，人们需要为过度丰富的信息有效地分配注意力。"

这就是"注意力经济"的起源。网络营销时代，这个词被当作新奇的概念传入中国。由于人们谈论得过多，所以又被人戏称为"眼球经济"。有人便把"注意力经济"当作一个时髦的词汇来谈论，并不会认真地对待它。要知道，Herbert Simon 是一位经济学家，在人工智能方面也有重量级的建树。为此，1975 年，他获得了计算机行业最高奖项——图灵奖；1978 年，他还获得了经济学界全球最高奖项——诺贝尔经济学奖。

这位学者的思考肯定值得我们注意。

某个品牌发起为期一个月的、全国范围的宣传攻势，希望能营造出一个公众话题，进而增加品牌知名度，促进销售。不曾想，某位明星的丑闻被抖出来，一时间，人们线上线下谈论的话题都是那位明星的丑闻。品牌花重金打造的宣传攻势会被化为乌有。这种打击，比竞争对手的直接回击还具有杀伤力。因为，目标人群的注意力被明星丑闻抢走了。

每个人的一天，都是 24 小时，一分一秒也不能增加。这就是注意力稀缺的根源。人们的注意力大多被吸引到社交 App 上时，某品牌还墨守成规，按着老一套方法做营销，抗拒社交 App 等新兴平台，其结果就是淡出公众视野，走向衰落。

那些曾经叱咤风云、如日中天的企业在人们的意识里已经"被死亡"，不正是被人淡忘的最好例证吗？其实，他们还健在，似乎是"一朝被蛇咬，十年怕井绳"，害怕走到聚光灯下，害怕被推到舆论的风口浪尖而已。山东三株、深圳润迅、广东太阳神……不要以为人家死了，其实，人家都活得好好的。

第七节　消费日益感性　营销日益精准

中国人的钱包越来越鼓——当然，在电子支付盛行的今天，这只是一个怀旧的说法——不差钱的人们在购买时越来越倾向于感性决策。

这不难理解：追求性价比是手头不宽裕、精打细算的表现，追求体验则是有钱就任性的表现。越是感性的人，恐怕越难以捉摸，越难预测他或她的口味或行动。不怕！在移动营销时代，在大数据时代，每个人都被精准地写进各种各样的数据库。再情绪化的人，其行动规律、购买习惯在这些数据面前，单纯得像个脚步不稳，手里举着百元大钞，走向小卖部去买辣条的小孩子。

营销日益精准有很多表现形式。这里只讨论媒体购买方式，或者营销推广实践方面的一些新变化。比如 CPA，与在前文我们讨论过的 CPM、CPC 都是站在媒体渠道的角度上取的名字。也有人说，这是站在营销者的角度取的名字。因为 C 是 Cost，是成本，是营销者必须要花的钱；对于营销者来说，就是成本；对于媒体渠道来说，就是收入。这三个名词相继代表了三个营销时代的趋势和特征。

一、CPM

千人印象成本。CPM = Cost Per thousand iMpression，也可以说是为"展示次数付费"。如果向 1000 个人展示某个尺寸的广告，需要花 10 块钱，即投放广告的成本单价是 10 元/CPM，那么，试想，一份报纸发行量 1000 万份，每份报纸有 5 个人传阅（估计有人会偷笑），相当于刊登在报纸上的广告可以展示给 5000 万人看。5000 万，是 5 万个 1000，或者 50000 个 CPM。

于是：

一次投放的广告费＝50000 CPM×10 元/CPM＝500000（元）

二、CPC

每次点击成本。CPC = Cost Per Click。谷歌、百度推出的按点击付费的关键字广告就是典型的按点击付费，而且价格由广告主自己定。2017 年，谷歌的关键字广告收入高达 954 亿美元，占总营收 1108.55 亿美元的 86%。百度 2017 年总营收 130 亿美元，去掉爱奇艺的收入之后为 104.02 亿美元的核心业务收入（Baidu Core），其中有多少是 CPC，不得而知。

三、CPA

每个动作的成本。CPA = Cost Per Action。动作？什么动作？转发、点击广告、放进购物车、支付等都是动作。现在很多平台完全可以精确到统计这些动作的地步，也完全可以做到统计那些转发的动作，并为转发者计发报酬。这也意味着，营销的厂商要有这种思想准备，为转发、为点击广告、为放进购物车、为支付购买等动作付费。根据最终完成的销售，向做出贡献的人支付佣金这件事，是一个叫 CPS（Cost Per Sales，按销售付费）的行为，如网络联盟、淘宝客等，大家应该并不陌生。

这些给分众提供了技术条件和应用基础。

第八节 手机对内容进行了筛选

移动营销的目标直指全国 7.88 亿部手机，甚至是全球以 10 亿数量级计算的手机用户。

你可曾意识到，手机，在一个史无前例的规模上参与了对营销信息的挑选。在这之前，网站的网页设计，让网民们经历了一个痛苦的过程：

一、繁复的网页

网络营销时代，争夺搜索引擎的关注，就意味着要精心打造网站，要迎合百度权重、360 权重、谷歌 PR 的标准，获得高分数。欧美有人甚至分析出"网页的 F 型布局"以打造"Content Savy"（内容丰富）的页面……结果导致单个网页的内容越来越多，页面越来越长，设计越来越繁复。

二、沉重的网页

不少企业发现，随着宽带、光纤猫（猫，Modem 读音的谐音，即上网用的调制解调器的戏称）的普及，电脑终端的访问速度越来越快，便制作了很多"图大杀猫"的网页（见图 4-3），极具震撼力的 Flash 动画网页。然而，在手机上浏览而且流量需要付费，又慢又费钱的网页，访问者肯定不愿意看。

三、不给人看的网页

更有一些"半吊子"网络营销培训班子，天天鼓吹什么"长尾关键

图 4-3　沉重的网页

词"，要在网页上弄上一堆那种关键词，以吸引搜索引擎的注意。最后，访问者看到的网页，特别是首页，是一堆关键词，如有一栏似乎是民航菜单的链接写着：广州手机、北京手机、深圳手机、上海手机……另一组则写着：手机零售、手机维修、手机批发、手机定制……要是小米、华为、苹果的官网也这么做，他们肯定会一败涂地。

手机横空出世，小小的屏幕，显示内容有限，界面必须简洁！App 开发者们是第一批发现者。他们遵守了这一规则，并获得了空前的成功。有的人看新闻，再也不去网站上浏览了。现在——2018 年 10 月——看看新浪的网页，还能看到网络营销时代的巨型页面。

手机对内容进行筛选的同时，还对人群进行了筛选，所以本节的内容不能简单地归结到前面的信息挑选章节内。

第九节　SIVA：度客户之心

我们的客户遇到了问题，会怎么办？SIVA 是科特勒教授在其经典著作新版本的《营销管理》一书中提出来的、以用户为中心的思考，取代了之前的4C。不难想象，客户会自觉或不自觉地思考以下四个问题：

（1）解决方案（Solution）：我如何解决自己的问题？

（2）信息（Information）：我可以通过什么方式了解更多信息？

（3）价值（Value）：我需要牺牲什么来解决这个问题？

（4）获取（Access）：在什么地方可以得到解决方案？

一家只有三名设计师、一位客服人员共四人的公司，面向企业市场提供平面设计服务。有一天，老板兼首席设计师何先生突然意识到：忙完手头上的这个项目，接下来就没单子做了。也就是说，他们必须要尽快找到下一个客户。

一、我如何解决自己的问题？

何先生本来在一家大公司担任设计师，离职后他便与另外两位好朋友一起合伙开办了这家公司。公司里没有销售人员，客户都是朋友介绍来的。现在，要招聘销售人员吗？还得要先发布招聘广告，接下来要面试，再接下来要培训一下……远水解不了近渴！找朋友吃饭、喝茶，或者打电话给他们，问一问他们有没有业务介绍？或者要做些别的什么事情找订单找客户？算了，我觉得58同城的分类广告还不错。上一次找人搬家，也是在上面找的，也看到不少同行在上面打广告。要不，我也来试一试。

何先生跟另外两位合伙人聊起这件事，三个人觉得要尽快找到客户，是第一重要的任务。同时，要着手做营销，做长远打算。

二、我可以通过什么方式了解更多信息？

（1）向朋友打听做营销的方式；

（2）到网上搜索；

（3）到朋友圈里浏览。

三、我需要牺牲什么来解决这个问题？

（1）花时间了解如何在赶集网、58 同城发布广告。广告是收费的，要花钱。

（2）公司四个人都认真填写微信介绍，用公司 LOGO 做头像，打开微信"附近的人"的功能，可能会被周边的客户发现。

（3）把最新的设计作品发布到朋友圈，写上"推荐客户有大礼"。礼品是何先生的水墨山水画。大单送大尺寸的，小单送小尺寸的。这得要花费时间和材料成本。

（4）要花费时间去给以前的客户发信息，给朋友发信息。

四、在什么地方可以得到解决方案？

眼前的问题似乎好解决，但长远的营销工作如何开展？各种服务都号称可以解决中小企业的营销服务：

（1）搜索引擎的关键字广告；

（2）申请微信公众号；

（3）今日头条企业号；

（4）写微博；

（5）写博客；

（6）发朋友圈；

（7）建聊天群；

（8）百度地图标注；

（9）在线分类广告。

何先生几个人列出一个长长的清单，每一项都不好办。连个企业网站都没有，如何做关键字广告？如今，做网站有用吗？找谁建网站呢？写营销文章，谁来写？写什么？建聊天群，在里面发布什么内容？要拉谁进来？把客户在凑到一起，好不好？

为企业提供营销咨询服务的、为企业提供宣传服务的、为企业提供网站建设服务的、为企业提供关键字广告服务的……肯定要像何先生一样思考，才能推出符合他要求的服务。要是能在他到处寻找的时候，让何先生看到自己的营销内容，并将他吸引过来的话，成功的概率就会大很多。

你不妨也设身处地地推演一次自己的典型客户的 SIVA，肯定会有新发现。这个 SIVA 可以充当我们挑选内容、封装内容的标准。

第十节　移动营销的实质

把"营销的实质"与"移动营销的实质"单独写在两节，也不会改变一个事实：移动营销跟营销一样，也是买卖双方信息的交换。

营销的历史，就是将信息分类、挑选并传播的历史。移动营销的实质，也是买卖双方信息交换的过程。这一点并没有改变。

重温香农的理论，正如罗杰斯在《传播学史》中总结的那样："信息以某些非同一般的方式运作。一般来说，当它被有选择分享时，它的价值就增加。它不会因为使用而贬值，尽管它可以过时。"

纵观网络营销、互联网营销的历史，不难发现，成功的企业都是以提供"挑选过的信息"而获得了巨大的成功。他们都成功被社会认可，也就是对挑选过程中产生的增值的认可。

新浪网、网易、搜狐提供的都是一种叫作"门户网站"的信息服务，具体为新闻、邮箱、搜索等服务。

阿里巴巴的 B2B、C2C 业务，甚至是支付宝服务，将挑选过的供应商信息、产品信息，提供给买家和消费者。有人说，现金流、物流不是信息，这个说法也对。正如我们前面讨论过的那样，再抽象一点儿，现金、物流的交换最终也体现为信息的交换。

持续地、大规模地制造内容很难，于是以 QQ、微信为代表的社交软件用户们提供经过挑选的互动信息。QQ、微信上，你要想看到对方发布的朋友圈，必须先成为对方的"好友"。这个添加好友的过程，就是过滤、挑选信息的工具。最终每个人看到的，都是挑选过的信息。

网络视频，经过挑选，爱奇艺以正版片源为主，类似于美国的 hulu.com；优酷则以网站用户自己制作、上传的视频为主，类似于美国的 youtube.com。两者都是对信息的挑选而形成的特色。最新兴起的、个人当主播表演，并可以实时互动的视频，则又是另一种完全不同的、经过挑选的信息。

我们在天猫、京东买东西，心里都知道，那里的商户都要接受管理，提供的商品、服务比那些不知名的独立的在线网店都让人放心。并不是说，在天猫、京东上买到的东西就一定是百分百不出问题。而是说，出了问题，会有人替我们向商户施压，督促他们履行义务。这些商户、商品显然都经过挑选。

搜索引擎如百度、搜狗等的信息挑选过程是由用户发起的，是实时的，其特征更明显。今日头条呢？通过对浏览者的阅读习惯进行猜测之后，再动态地推荐内容。摩拜单车等提供的共享单车服务也是信息的挑选吗？是的。所有的用户得到的信息是，这些车到处都有，只要注册成用户，交上押金，就可以扫码用车，按时计费……

第十一节　挑选与被挑选

还记得移动营销的三大任务吗？其实质是顺应移动营销时代的潮流，主动参与社会范围内的信息挑选。

第一项任务：入驻多平台

企业在微博上注册一个账号，发布信息，便有机会在微博首页的信息洪流中吸引到新的关注者。同时，新发布的信息，也通过微博的机制推送给以前的关注者。关注者是企业或品牌的"粉丝"。他们关注是有原因的。与企业发布的、经过挑选的信息一样，这些粉丝也是经过挑选的！信息的主体和客体，经过微博的双向挑选。粉丝与企业微博是否能达成一种更好的配合呢？如果企业微博的内容编辑人员明白这点，对于前面这个问题的答案便是肯定的。如果企业微博编辑人员不明白这点，内容跟风，不根据自己的营销活动进行原创，而是一味地抄袭，那么，答案就是否定的。

那么，以此类推，企业开通的微信公众号、今日头条号、豆瓣小组呢？

第二项任务：注册名字

企业在网络的世界里，有意无意之间，便会以企业的品牌名字，构建起自己的信息要塞。这个信息要塞可以是企业在电商平台的旗舰店（笔者称之为"五类要塞"），可以是企业的某一个平台账号（四类要塞），可以是企业自己的官方网站（三类要塞），可以是企业自己的手机 App（二类要塞），也可是基于手机域名的"微入口"（一类要塞）。

这个信息要塞都被烙上明显的品牌特征。以上五类要塞的分类挑选正是基于品牌特征的强弱这个标准划分出来的。一类要塞最能彰显品牌特征，五类要塞在构建品牌特征的功能上效果最弱。

注册好名字，打造信息要塞，打造好名声！

第三项任务：发动社交营销

入驻各大平台之后，品牌接下来要积极地开展社交活动。这并不意味着，企业指派去管理各平台的人员，必须要以平台的账号登录，四处留言，整天为人点赞，到各个群组里发红包，或者讲几句俏皮话什么的。要是这样，把所有的营销人员都累死也很难做好营销。

如何开展社交活动呢？我们会在第七章详细讨论这个话题。

第五章

入驻多平台

　　雪让山峦穿上白衫时，他们拉着爬犁去拾烧柴；暖风使山峦披上嫩绿的轻纱时，他们赶紧下田播种。山峦一层一层地由嫩绿变得翠绿、墨绿时，他们顶着炽热的太阳，在山间打垄、间苗、锄草和追肥；而当银光闪闪的霜充当了染匠，给山峦罩上一件五彩的花衣时，他们就开始秋收了。

　　　　　　　　　　　　——迟子建《别雅山谷的父子》

移动营销第一大任务，入驻平台。

行动之前，有必要花少许的时间，了解一下平台，要了解平台的"信息挑选规则"，才能更好地配合平台，达成自己的营销目标。

当然，我们强调的是入驻。入驻平台和在平台广告位中投放广告不是一回事儿。入驻就是企业营销信息在平台中以用户的身份出现，只有出现才有可能被客户找到。而在平台投放广告是属于硬性广告投放，不是我们探讨的重点。

截至 2017 年，中国 415 万个手机 App 和 544 万个网站中，有多少个可以被我们称之为平台？

平台这个词很形象，很有品位，它应该有一定的高度。把我们的商品放到平台上，会提升我们商品的形象。把我们的品牌放到平台上，会提升我们品牌的价值。要是它跟地面一样高，我们肯定不会把它叫平台；要是比地面还低，那它就是一个"坑"。

（1）可以带来销量的，我们称为之电商平台。

（2）可以带来访问流量的，我们称为之广告平台。

（3）可以提升品牌形象的，我们称之为营销平台。

（4）能带来访问流量、提升品牌形象，甚至还能带来销量的平台，就是社交平台。

（5）不能起到前面的作用，但可以为提升或管理营销活动的，我们称之为工具平台。

这些值得入驻的平台，微信、微博是超级平台，大众点评是较为特殊的平台，除此之外的，都可以按照自己品牌的需要进行分类或者分组，如问答、百科、地图导航、电商、短视频、分类信息、企业信息查询、传统视频平台（App 版）、综合资讯等。

其他的，对我们的营销没有价值，可以不为它们取名字，忘了它们吧。然而，世界没有这么简单。电商平台可以是营销平台，也可以是社交平台，还可以是工具平台。不管怎样，我们仍然要用这样方法，把这个复杂的世界变得简单一点儿。

还记得克劳德·香农的那句话吗？对信息进行挑选，会增加信息的价值。我们为网站、手机 App 所做的这个简单的分类，肯定也会增加一些价值。

这五大分类，彰显了我们关心的指标：销量、流量、美誉度、整合营销和营销效率。

第一节　电商平台

我们已经多次谈论过能让我们直接销售产品的电商平台。如今中国的电商平台很多，如淘宝网、天猫网、京东商城、当当网、拼多多等，我们无法开列一个完整的清单。甚至，作者也不会给大家一一介绍各个平台的特点。入驻的条件是什么、要多少押金、收多少年费、是否要代收费、是否有提现费、有哪些禁忌？这些大概是企业入驻前最需要了解的信息，也无法在本书内全面介绍。这些会经常发生变动，还很容易在各平台上找得到，或者可以向各平台的服务人员获得帮助。

在这里，笔者更关心的是企业在电商平台上要做什么。

入驻电商平台之后，最重要的是销量。哪些因素可以促进销量？到这里，产品设计阶段需要关注的问题如产品的功能、质量、外观等，我们管不了，那是产品经理的事情。在一个电商平台上，产品图片、产品介绍、产品定价以及产品的促销，是我们首要关注的重点。

一、产品图片

一位既是画家，又有一定摄影功底的朋友在广州设计、生产皮具，每隔一个月就会推出一个新款式。样板做出来，他会带上新产品到一家公司拍摄产品照片。我问朋友为什么不自己拍摄照片？朋友说，那家公司专门拍摄产品照片，非常有经验，而且价格便宜。一个产品拍摄 4 张照片，只要 10 元钱。朋友每个月设计一种新款，四种颜色组合，只需要40 元钱。这么少，他们能赚钱吗？笔者很好奇，跟着去参观。那家公司一共有三层楼，每层 300 多平方米。满眼里摆放的都是等待拍照的新产品。各式各样的衣服、鞋子、提包、手袋、鞋子、帽子，应有尽有。几位拍摄师，咔嚓咔嚓地拍照。他们身边各有两位助手帮忙打灯光、拿反光板。拍摄完成后，摄影公司仅提供电子版的图片。客户拿着 U 盘，到服务台的电脑上去拷贝。

摄影公司的要价真便宜，但显然他们的收入也还不错。

前面我们讲过，与 eBay 的要求不同，中国的电商平台如天猫、淘宝、京东等都允许商家修饰自己的产品照片，就像设计海报一样设计。甚至有的产品内容往下按十多个翻页（PageDown 按钮）才能看完。这些产品海报将产品的优点、型号、用途、用法、组合、材料、设计理念、应用场景、安装细节等都展示得清清楚楚。

到这样的平台上销售，你的图片拍摄、设计肯定都要委托专业人员处理。

二、产品文案

产品文案或长或短，或沉稳或娴静，或幽默或专业，完全取决于品牌的特点，或取决于文案人员的随兴所至。我们需要怎么做？稍微地思考一下，就能找到答案。

产品有很多属性，如材质、工艺、尺寸、技术、设计、品牌、组合等。家具讲究材质，服装讲究面料，奢侈品讲究品位和内涵，鞋帽讲究尺寸，电子产品讲究技术……经营产品的商家肯定对自己行业的常见属性非常熟悉。如何在展示这些属性时，吸引客户的注意，赢得客户的"芳心"，则需要更强一点的功力。

比如说，电器的功率、能耗、电压、电流（各国的市电标准有所不同），甚至电源线的长度都是很重要的信息。

教人写文案的书，不能说汗牛充栋吧，也不算少。回答"怎么写"这个问题很容易；准确地找出"写什么"却很难。在《文案圣经》里，作者讲述了一个汽车广告的故事。在汽车时代的早期，美国整个汽车行业的制造水平都不咋地。客户公司里，汽车工程师人数不少。于是，广告公司将汽车公司工程理事会 48 名工程师的名字和照片刊登出来，取得了很好的效果，在消费者心目里树立起相当专业、质优的形象。

人称"文案教父"的路克·苏立文（Luke Sullivan）曾两度被提名为"全美杰出广告文案作者"，以及 20 次荣获"广告界奥斯卡"One Show 广告金铅笔奖。他的作品"Hey Whipple Squeeze This"，中译叫《文案发烧》，你很有必要读一遍——如果你真的很在乎文案的话。

马楠的《尖叫感——互联网文案创意思维与写作技巧》似乎更接地气，可能比"圣经""教父"的文本更有参考价值。这本书主张，互联网时代的文案传播链条变成了"想读—互动—二次传播"，还说文案要写成微型小说，否则，就"滚蛋"。书中举了这么一个例子：

媳妇打算去炒股，我担心她把房子都赔进去，给她下了一个虚拟炒股的软件，因为百分之百真实模拟，她一直没发现。昨晚她眼眶红红地告诉我 100 万元都被套了，这两天她干活特别勤快，也不淘宝了，我要告诉她真相吗？不说了，她端洗脚水过来了，那个软件在这里（附带链接）。

从平台的角度来看，谁的内容对他们的平台发展有利，他们就会支持谁。打个不恰当的比喻，如果平台是猪八戒，他背着媳妇，肯定比背红孩儿心情更好（见图 5-1）。

图 5-1 平台与品牌的关系

（一）产品促销

各个平台会借一些时机搞促销。春节、国庆节、中秋节、母亲节、父亲节等传统节日，秋季开学，以及"双 11""618 购物节"等"人造"节日都是发起销售冲刺的好时机。这些，跟传统营销没有什么两样。

（二）常见问题

有那么一部分购买者，在下订单之前，并不喜欢在线聊天，也不喜欢跟店家讨价还价。

比尔·盖茨的搭档、微软的联合创始人保罗·艾伦在自传《我用微软改变世界》中讲他创办 espn.com，推出的全世界第一个在线购票系统上线不久，便有人在线买了赛事的门票。他很激动，亲自打电话问那第一位"吃螃蟹"的客户：老兄，你为什么会选择在线购票，能谈一谈吗？电话那一头长时间的沉默，让人很尴尬。再三催促之下，那位老兄很不情愿地答道：就是因为不喜欢跟人说话，所以才到网上买票的。

京东的电器类产品，分类较全，技术参数详细，赢得了一大批关心细节但又不爱说话的买家的心。况且，就算你的网店配备了 24 小时值守店员，也未必能了解到所有的技术细节。比如说，有一个品牌的手机，没有陀螺仪，无法计算走路的步数，但他们有一款手表可以配合这款手机，把步数统计出来。于是，他们似乎是故意混淆这种间接的统计方法。买家来询问的时候，这值守的店员能否回答？或许能，或许不能，或者不愿意回答，再或许正在忙其他的事情，迟迟没有回答。再试想，有人买到那款手机，发现不能在微信朋友圈里跟朋友比拼步数，他会不会有骂人的冲动？所以，详细的技术规格，对于技术控客户群体就显得特别重要。

有些问题，罗列详细的技术参数也无法解答买家的疑问。那么，好好地撰写常见问题吧。不知道会赢得多少订单，减少多少人力成本。

第二节　广告平台

能给我们的网站、网店带来流量的平台就是广告平台，如百度、搜狗、58同城、阿里巴巴、百度地图、高德地图等。这些平台，可以带来访问流量，但在塑造品牌形象方面的功能，跟营销平台相比，则比较弱，所以被称为广告平台。

这些平台塑造形象的功能较弱，是其自身的"挑选信息"的标准造成的。要是百度在其搜索结果里，插入过多的图片，或插大幅面的图片甚至视频，会影响用户的体验，会遭遇用户的唾弃。

第三节　营销平台

央视网、凤凰网、环球网、太平洋网、今日头条、汽车之家、传统的门户网站、视频网站、电视台、户外媒体、报纸杂志有比较大的空间塑造品牌形象，提升目标人群对品牌的认知。

这个类别涵盖很广泛，包含部分网站，囊括所有的传统四大媒体。这些平台通过精美的视觉形象，或者对品牌事件进行深度的、持续的跟踪报道来塑造品牌的形象。一般来说，新闻不允许带链接，有的网站可能会允许带。

电视台、户外媒体、报纸杂志借助域名网址和手机二维码，也获得了为品牌创造流量的功能，但毕竟作用有限。就算受众看到品牌的信息后要去了解品牌或其产品，也会去搜索，最终还是转化成广告平台的功劳。

第四节　社交平台

凡是让个人与个人之间能直接交换信息的平台，就是社交平台。微信、豆瓣、陌陌、微博等可以纳入这个类别。今日头条的手机 App 也有简单的聊天功能。直播网站，观众与主播之间打赏、聊天、送礼物等互动，算是广播行为中的互动环节，并不是社交。

微信提供了聊天、群聊、红包、公众号、小程序，以及配套的微信支付。微信好友可以相互加好友建立联系；缺省的情况下可以看到彼此的朋友圈。

豆瓣，是一个另类，跟早期的 ning.com 差不多，以共同的兴趣（如电影、阅读、歌曲等）为基础，组建一个个跟聊天群差不多的群组。但是微信聊天群中的消息是流动的，无法保存。特别是手机存储不足的情况下，用户不得不经常删除聊天信息，导致信息的存活时间更短。相比之下，豆瓣群组内的信息的保存更有序，可以永久保存，可以检索，可以被搜索引擎收录。不是好友，不是群组内的成员也可以看到。

微博，中国的 twitter。如今，放弃了对 140 个字的限制，放弃这种挑选标准，是进步，还是特色的消失？笔者不敢妄下结论。跟微信比较，微博的信息则更开放，而且采用的是"网站+手机 App"这种混合模式。用户在微博发布的消息，在互联网上是可见的，可以用浏览器查看。没有关注的人发布的消息，也可以查看。

第五节　工具平台

工具平台，提供的服务可以帮助企业提高效率，如收钱吧为商家收钱；cnzz.com 和 51.la 为网站提供访问统计报告；报名吧，为企业提供营销活动、事件管理功能……

哪个平台更适合？恐怕只有每家企业自己知道。如果不知道，那就多试几家，应该就能找到感觉。

这五种平台的划分，并不是绝对的。现实世界复杂，而且在不断的发展变化之中。

第六节　平台的作用

垂緌饮清露，

流响出疏桐。

居高声自远，

非是藉秋风。

唐朝诗人虞世南这一首《蝉》给我们讲明一个道理：居高声自远。如果要做一个类比的话，平台的影响力，相当于树的高度。我们要像蝉一样，借助平台的这种高度，借助平台的影响力，倍增我们自己的营销信息的传播范围，倍增营销信息的传播效果。

笔者认为，对于平台这种功用，每一位营销人都能明白。然而，具体到一个平台，要做哪些事情，往往又会茫然无措。

一、为什么要营销？

营销，从效果上讲，是要在目标人群面前，比竞争对手好一点儿。具体到一个场景下，有四种可能性：

第一种情况：在一个大平台，如微信上，只有竞争对手在表演，你的公司没有"到场"，便是白白便宜了他们。

第二种情况：如果竞争对手没有你们积极，就算你们捡了个大便宜。

第三种情况：竞争对手在，你们也在，竞争对手表现得比你们好。比如文章写得比你们精彩，能有效地将目标人群转化客户。那么，我们可以鼓励自己的营销人员向竞争对手学习。与水平高的竞争对手同台表演，会提升我们自己的水平。下棋的朋友，特别是跟高手下棋的朋友对这一点会深有体会。嗯，总是跟臭棋篓子下棋的高手事后可能会陷入深深的自责。

第四种情况：竞争对手在，你们也在，竞争对手表现没有你们好。竞争对手也会学习，制造一种鲇鱼效应，让你们的营销人员及相关负责人保持警惕，维持一种上进的动力或压力，岂不是很好？

二、营销的目的是什么？

总的说来，营销的目的可以归结为以下三点：

（1）转化潜在人群，获取新客户。

在大多数时间里，这是营销的首要目标。只要方便的信息传递方式，就能通过各种方法将部分潜在客户转化为真正的客户。

（2）服务老客户。

让老客户在新的地方找到自己，很重要。设想一下，在异地他乡，你突然遇到一位家乡的熟人。你们非亲非故，不是同学，不是邻居，不是同事，也会倍感亲切，对不对？如果你们彼此之间还沾亲带故，这种相逢就是加倍的"他乡遇故知"。听着有点耳熟不是？对，古代中国的人生四大喜事就是"久旱逢甘雨、他乡遇故知、洞房花烛夜、金榜题名时"。比如你在美国的某某大展上，突然看到"老干妈"辣椒酱的展台，会不会很亲切？

到一个新平台上去迎接老客户，要的就是这种加倍的"他乡遇故知"。

（3）提升品牌形象。

考虑到那些能帮助我们的"贵人"——意见领袖的存在——我们不难意识到，提升品牌形象也很重要。比如说，赵某是某大公司的信息部门总监，他的朋友会向他咨询：我家孩子想参加编程培训，找哪一家比较好？赵某肯定会推荐赢得他好感的一家培训机构。赵某本人不会花钱到培训机构学习，但是他的推荐，会比他自己的消费会更有价值。他就是意见领袖，他就是被推荐的培训机构的"贵人"。我们要通过自己的营销活动让赵某这类人了解我们的培训业务，尽可能地使他对我们的品牌和服务产生好感。

这种讨论是在务虚，具体到某个平台，我们需要做些什么？又有什么用处？下面，我们简要地讨论一下在以下几个平台上，我们可以做什么。

三、微信公众号

在微信公众号上，我们营销的目的也是要转化人群、获取新客户、服务老客户、提升品牌形象。在高大上的服务平台上，我们会给客户造成一个与时俱进的形象。微信有海量的客户。然而关注我们公众号的又有多少？在微信上海量客户在变成我们的关注者之前，我们还需要做很多工作。

即使是要想把我们的老客户转化为公众号的关注，也不太容易。我们不能主动找到他们，因为我们不知道他们的微信号。即使知道他们的微信号码，也不能主动向他们发起发出信息。只能通过一系列的活动，吸引他们关注我们的公众号，之后才能有条件地向他们推送消息。

还有人不明白。注册微信公众号有什么用处？即，微信公众号给我的企业带来什么样的利益？简言之，公众号为企业提供了另一个服务客户的平台或场所。

企业要注册微信公众号有两个选择：订阅号或服务号。如果我们希望申请微信支付，或者进行在线交易、开通网店之类的，就需要申请服务号。已经申请过订阅号的，可以升级为服务号。但是服务号不能转为订阅号。申请，需要缴纳数百元的认证费用。

微信公众号申请的网址是：https：//mp.weixin.qq.com。

公众号跟用户"聊天界面"的下方，可以设置 3 个菜单。每个菜单可以再设 4 个子菜单，如图 5-2 所示。

图 5-2　手机域名注册局的订阅号

如图 5-2 所示，这个订阅号的三个一级菜单分别是："头条发布"、"相关介绍"和"应用汇"。这些菜单可以直接链接到我们的网站上，直接具体到栏目，或者直接指向具体的内容页。这样，我们便获得向自己企业或机构官网引流的途径。当然，如果你们没有官网，也可以把这个公众号充当自己的官网。小公司可以这样做，大公司不推荐。

腾讯开发出非常方便的内容管理程序，让我们很容易就能发布出上图中的这种排版上乘的文章来。然而，我们的第一要务是要迅速地增加关注人数。否则，每天花费大量的时间为寥寥数十个关注者撰写内容，肯定找不到营销的感觉。

于是，我们一方面要想办法获得更多的关注，另一方面要想办法写出高质量的文章。两者相辅相成，缺一不可。所谓高质量的文章，是与我们的营销密切相关、可以迅速将兴趣人群转化为客户的文章。记住，我们是从营销信息中挑选出内容，而不是编造谎言。应该就像摄影师拍照一样，选取一个好的拍摄角度。而不是像平面设计人员，用设计工具修饰出原本并不存在的东西来。也像演员登台表演，可以化妆，但不能冒名顶替。

如果我们申请的是服务号，在菜单中，可以直接把商城挂进来。客户可以在这里点击商城的链接，进入购买，然后用微信的钱包支付。一气呵成。

然而，陷入这些琐碎的流程中，我们仍然不要忘记我们的营销目的是获取新客户、服务老客户、打造优秀的品牌形象。

四、今日头条号

今日头条上，专门设置了一个企业号。企业申请的时候需要提交资料进行审核，还需要缴纳 600 元的认证费。企业号有哪些方便之处？今日头条官网上是这么说的：

经认证的企业头条号将享有官方认证用户的相应权益：

官方认证标识：彰显企业身份，权威信用背书；

定制商家主页：商户信息、品牌活动、优惠促销等多元内容聚集；

卡券发放：支持发放优惠卡券，粉丝直接转化，社群二次营销；

营销洞察：品牌数据精准挖掘，提升沟通效率；

品牌人群包：用户情感深度分层，精细化分类运营；

同步认证：一次认证，享受今日头条、抖音短视频、火山小视频三大平台同步认证。

2018 年头条号"企业认证"还会推出更多专属权益和功能，会优先为已认证的企业用户开启。

今日头条的游戏规则跟微信不同。企业在今日头条上发布的文章，会被其算法引擎推荐给认为可能会对这篇文章感兴趣的人群。所以，我们会看到，一篇文章被推荐给 1 万人，最终可能阅读量只有 300。这样，很快就可以获得一批读者或视频观众，跟微信公众号相比，起步会容易一点儿。

不过今日头条的文章是先审核再发布，甚至有可能是机器自动审核，符合某些特征的文章可能发布不上去，这样无形中增加了发布文章的难度。

另外，今日头号采用的是"HTML5 + App"这种混合模式，即内容会同时显示在 PC 端和手机 App 端。不过，他们跟淘宝、天猫一样，不允许搜索引擎收录。

五、地图标注

在地图上标注自己公司的位置，不但会方便客户上门，还可以增加品牌的展示机会。对于办公场所位置偏远的或者要引流到线下营业场所的企业来说，在地图上标注自己的位置甚至是一种必须。

在手机端，电子地图的两强是百度地图和阿里巴巴的高德地图。但在车载地图上，凯立德则占优势。不过，高德地图车机版发行之后，凯立德地图的市场占有率没有那么乐观。百度地图没有车机版。对于使用者来说，我们不在乎谁是第一，谁是第二，谁是第三，我们只在乎我能不能在地图上标注。如果可以，我们在三个地图上一一标注。

六、微博

微博上也有专门的企业微博，可以根据需要认证加 V，这样可以增加发布内容的公信力。在微博上发布的文章，是先发布后审核。发布的微博都有机会进入首页。不过由于发布量巨大，你发布的文章停留在首页的时间可能只有几秒钟——不，连一秒都不会有，就像天空的流星那样，一闪即逝。

没有关注的人，也可以阅读你的文章或者可能阅读到你的文章。这个跟今日头条主动推送的机制有所不同，跟微信公众号上的文章显示机制也不同。在微信上，微博上发布的文章，在搜索引擎中也无法搜索到。同样，这也是因为微博禁止搜索引擎收录他们的文章。

七、知乎

知乎是一个高质量的在线问答服务社区，专门为企业或机构注册账号，在普通个人用户的功能的基础上，提供一些辅助营销的功能，比如说展示广告，关于品牌的提问，运营状态跟踪，账号评级，一小时深度对话在线互动 the live 特别现场。

知乎上的问答内容，需要注册用户登录后才能够阅读。差不多是一个相对封闭的社区。知乎也有手机版的 App，以"HTML5 + App"混合模式发布。

知乎上的内容除了登录写敏感信息之外，基本上都允许搜索引擎收录。

更多平台，请参见本书附录："平台列表"。

第六章

注册名字

西湖三岛，真正常有人来去的，还是三潭印月。此时人亦不保，谁还顾得上它。岛上原来种的那些个月季、蔷薇、丁香、玉兰、海棠，从前是国色天香，姹紫嫣红，如今也是蓬头垢面如灶下之婢了。又，岛上景色素有一绝，池塘中夏日睡莲，有大红，粉红，嫩黄，纯白，一一不等。其时意境，那才叫"一花一世界，一叶一菩提"呢。如今深秋败荷，花亦颓伤，叶也颓伤，也是人无情趣，佛无禅意的了。又加岛上幽径虽在，青竹却露败象，枝杈横生，黄叶枯下，实实的一番伤心凄迷之境矣。

——王旭烽《不夜之侯》

名字非常重要。名字可能是信息包装过程中最重要的环节。

名字，不过是一个称呼，一个符号，有多大用处？

《墨经》认为，知识可以分为四大类：一类是名；二类是实；三类是对应；四类是行动。西汉时期的董仲舒甚至提出以"审察名号，教化万民"。这里的名，就是为个人贴上的社会标签，要用"名"作为治理国家的工具。

可能你会说，这么老古董的东西，这些封建的糟粕怎么能说明名字的重要性呢？那我们就来看看古今中外的玩意儿。

第一节 名称很重要

一

很久很久以前，笔者的一位高中同学考上了体育系，在学校里追女生屡屡碰壁，因为女生们嫌弃他的专业没出息。他发狠要学习软件开发，便去书店里找编程的书籍。书店里，满眼都是"面向对象编程"的书。他一口气买回好几本，还很兴奋地跟室友讲，中国古代人都知道书中自有黄金屋，书中自有颜如玉。看，外国人也都知道。室友不解，求解释。朋友说，看，这几本书是"面向对象编程"。对象是谁？就是女朋友呗！也就是说，编程编好了，马上就能搞到对象，找到女朋友。室友分辩道：对象不是女朋友，是另一半，是老婆，或者是丈夫的意思。朋友说，对象处好了，结了婚，不就是对象吗？后来，打开书看，发现"对象"根本不是女朋友，也不是老婆，而一种特别搞不懂的东西。结果是，他一直也没能学会编程。二十年后，他不死心，又去买书。这一次，很幸运，他在一本书里看到作者解释说，"面向对象"（Object Oriented）这个直译过来的词太让人费解，还不如叫"面向物件"直截了当。还举了个例子：现在，我们要做一种叫桌子的物件。我们有材料，有个设计图，我们要照着这个设计图再做一张桌子，就是实例化……直到这个时候，朋友豁然开朗，然后就改行当码农了。朋友觉得，对象这个词太坑爹了。而"物件"这个词非常形象。

很多编程语言里，都有"名字空间"（Namespace）和"句柄"（Handle），你觉得它们是什么东西？要是笔者说"命名规则"和"绰号"，你会不会更清楚它们是什么东西呢？翻译过来的名字不准确，导致理解困难，这从反面证明了名字的重要性。

二

有人说，这跟我们做营销有什么关系？有。如果你读过《新定位》，认为提出"定位"理论的特劳特还算是个聪明人的话，可以再回头翻阅一下那本畅销书的第 14 至第 17 章，整整四章都在讲品牌的名字。回味一下，定位理论也可以总结为"取个好名字，在目标人群里博个好名声"。

《新定位》里有一个片段特别想跟大家分享一下：实验人员做试验，找两组人根据名字评判两名没有照片且不在现场的女子谁漂亮。结果名叫"詹妮费"的得到 158 票；而名叫"格特鲁德"的女子只得了 39 票。以名取人，跟以貌取人一样，是一个根深蒂固的陋习！但你仍然无法改变，还是从了吧。

三

请问，你认识张勇吗？肯定有很多人认识，作为一名中国人，谁还不认识一位、两位张勇啊？这个名字太普通了，普通得大家都忽略了他们的存在。2018 年 9 月，马云宣传"退休"，将大权交付给一位叫张勇的人。后来，笔者还发现，原来大名鼎鼎的海底捞的掌门人也叫张勇。所以，叫张勇的，想出名很难。出了名，让人记住也很难。

四

很早就有人发现名字很重要，可以利用名字做大文章。据说是从东周时期起，开始有人不读、不说、不用圣贤、长辈、君主的名字，美其名曰避讳，以示尊重。后来，国人都避讳皇帝的名字。比如说，宋代的开国皇帝赵匡胤有一位哥哥赵匡济，三位弟弟赵匡义、赵匡美、赵匡赞。赵匡胤当上皇帝之前，赵匡济就去世了。赵匡赞则年幼夭折。即使是这样，赵匡胤当上皇帝之后，活着的兄弟得改名避讳；死去的也不能幸免，于是便有了赵光济、赵光义、赵廷美、赵光赞这几个名字。

皇帝生前要避讳。死后的名字更讲究！从第一位皇帝秦始皇开始，中国的皇帝死后，都有一个谥号，多为两三个字。到了宋代，宋真宗赵恒追谥他的先祖为"上灵高道九天司命保生天尊大帝"，整整 14 个字！赵匡胤死后，得到的谥号更是多达 18 个字——启运立极英武睿文神德圣功至明大孝皇帝！清代的努尔哈赤没有当过皇帝，但他那当皇帝的儿子封给他的谥号最长，足足 27 个字——承天广运圣德神功肇纪立极仁孝睿武端毅钦安弘文定业高皇帝。真正做过皇帝的、谥号最长的都是清代皇帝，如顺治皇帝的谥号是：体天隆运定统建极英睿钦文显武大德弘功至仁纯孝章皇帝。25 个字的谥号，有清一代，简直是皇帝的标配。这么长的名字，读起来一定非常庄严，非常有范儿吧？

五

欧美人在选举中，在名字的问题上动起了心思。他们知道名字的威力，希望使用一个特别设计出来的名字自动赢得选举。还真有一个人成功了。2010 年，英国一个郡的选举中，有个叫 Eric Mutch 的参选者，通过合法的手段，将自己的名字改为 Zero，None of the Above，即"一个也不选，上面的都不选"。这样，按照字母表的顺序，也能排到最后一位。选民们对老政客候选人大都极度厌烦，报复性地把票投给"以上都不选"。没想到，这个名字最后居然获得很多选票。不过，当选民们得知这个选项真的是一个人的名字后，就不干了。在一片反对声中，赢得了选举的 Eric Mutch 被迫辞职。

商界的名字，则体现为字号、品牌、产品名称或公司名称。《定位》《新定位》连续两本书里都强调过企业名字、商标名称的重要性。说名字要简洁、独特、有力量之类的属性。美国的 Kodak、IBM、Microsoft 都是很好的例子。而 Apple 则显得有些另类。这个单词是字典上一个很普通的词。中国的华为、腾讯都是好名字。阿里巴巴中英文读起来都朗朗上口，拼写也很简单，中外通杀。于是，机智的阿里人在 2007 年一口气就在商标局注册了阿里爸爸、阿里妈妈、阿里姐姐、阿里爷爷、阿里奶奶、阿里妹妹、阿里哥哥、阿里弟弟、阿里兄弟、阿里叔叔、阿里伯伯、阿里姐妹、阿里姑姑、阿里宝宝！小米则注册了大米、蓝米、黑米、紫米、橙米、绿米、黄米、桔米。他们在想什么？

六

在名字的问题上，反其道而行之，有时候效果也不错。比如说，有一家公司就注册了长达 39 个字的公司名称。对，就是 39 个字！不信，你去国家的企业诚信数据库里查一查。这家公司名叫：宝鸡有一群怀揣着梦想的少年相信在牛大叔的带领下会创造生命的奇迹网络科技有限公司，注册于 2017 年 5 月 22 日，法定代表人牛晓路，占有 88% 的股份。在天眼查上，显示有 3 万多人来查询过这个名字。这些好奇的人当中，有一位就是本书的笔者。

七

有些人走进餐馆，只想填饱肚子。这是菜牌。请问，客官，您要吃点什么呀？随便。于是，精明的饭馆老板真的在菜牌上印了一道叫"随便"的菜。

八

在中国，以往气象报道的时候，都说今年第几号台风。不知道从哪一年起，为了与国际接轨，台风也都有名字。最近的一次那个名叫"山竹"、号称风速 17 级的台风，把大家吓得够呛。自 1953 年起，美国就开始用男女的名字为飓风命名。如今，国际气象协会已经接管了全世界的热带气旋命名。如果你有兴趣，可以到协会的网站上看一看。

热带气旋命名：https：//public.wmo.int/en/About-us/FAQs/faqs-tropi-cal-cyclones/tropical-cyclone-naming

九

曾几何时，软件的版本号大行其道，如 Window 3.2、Linux 7、PHP4、HTML 5 惹来多少艳羡的目光。于是，有了 Web 2.0，有了德国的"工业4.0"，还有中国的"中国制造 2025"。当前有 200 多家巨无霸公司共同参与的、如日中天的开源云项目 OpenStack 的发行版本却换了个新花样：为每个发行版本取个名字。第一个版本以字母 A 开头，叫 Austin；第二个版本以字母 B 开头，叫 Bexar……以此类推，目前正式发行版本是 Rocky。Stein 还在紧张开发中。是不是很好玩？不过，大家谈论起各个版本的时候，有个名字也相对容易一点儿。

OpenStack 发行版本列表：

（1）Stein；

（2）Rocky；

（3）Queens；

（4）Pike；

（5）Ocata；

（6）Newton；

（7）Mitaka；

（8）Liberty；

（9）Kilo；

（10）Juno；

（11）Icehouse；

（12）Havana；

（13）Grizzly；

（14）Folsom；

（15）Essex；

（16）Diablo；

（17）Cactus；

（18）Bexar；

（19）Austin。

第二节　不好的名字

不好的名字会有什么后果？

电影《肖申克的救赎》会给你一点启示。这部电影的原著小说是知名作家 Stephen King。电影甚至还获得 7 项艾美奖提名。然而，这部电影 1993 年花费 2000 万美元制作成本，首次发行时只收获 1600 万美元的票房。到目前为止，全球累计票房也只有 5800 万美元。同期上映的《阿甘正传》，累计票房已经高达 6.78 亿美元。一致公认《肖申克的救赎》失败的主要原因是：让人迷惑不解的名字、没有女演员、不受待见的监狱场景。所以，这个不知所云的名字难辞其咎。

有一本很火的营销书《广告第二　公关第一》介绍道：1997 年，美国在线零售公司 Value America 成立，并推出购物网站 va.com。这个简短的名字 VA，在美国被认为是个没有特色的名字。花掉 1 亿多美元的广告费后，这家公司于 2000 年 8 月关门大吉。

1998 年，在英国成立的在线服装零售网站 boo.com、在经营 18 个月，花掉 1.35 亿美元后迅速清算，也被认为是取了个坏名字的典范。被认为没有品牌的 pets.com 更能折腾，花光整整 3 亿美元的投资后迅速倒闭。1994 年成立的亚马逊在开始时也犯了同样的错误，居然是"cadabra"，来自口语中的"乱七八糟"（abracadara）。不过，他们意识到这个错误，很快改名为"Amazon"。

似乎是为了证明名字的重要性，现代商业社会还有一项伟大的发明：商标。或者说，商标的出现，证明了名字的重要性。

第三节　商标和品牌

商标（Trademark）的雏形可以追溯到《吕氏春秋》中记载的"物勒工名"。那是一种强制措施，要求工匠把自己的名字刻在完成的器具上，以便出现质量问题时对制造工匠进行问责。那时没有序列号，没有数据库，只得用这种原始的方法。

然而，人类历史上第一个正式注册的商标是 1876 年英国一家酿酒厂注册的，是由文字和一个黑色的三角形组合而成的图案（见图 6-1）。

品牌（Brand 或 Brand Name）的历史同样也很悠久，可以在远古社会的商业活动中找到原型。Martin Kornberger 在其著作《品牌社会》里，展

图 6-1　人类历史上第一个正式注册的商标

示了一个公式：

品牌＝功能＋意义

于是，在这个公式的指导下，3M 不仅仅是包装胶带，是创新；迪士尼不仅仅是电影，是娱乐；耐克不仅仅是鞋子，是体能。"生活方式像图案一样塑造我们的品位、举止、行动、选择和信念。它们是由一个个品牌组合成的马赛克图案。"

然而，要保护自己的品牌，最好的办法就是把品牌注册成商标。同样，现代的观念越来越追求简洁，倡导"Less is more"，正是在佐证香农的理论：经过选择的信息更有价值。

于是，很多商标与品牌名称合二为一，而不是使用图案。欧美品牌，或者以字母文字为基础的语言中，要做到这一点非常方便，如 Microsoft、Apple、Google、Siemens；中国的直接以品牌名称为商标的有同仁堂、全聚德之类的老字号。新品牌则多以图案、拼音或英文名称为商标者居多，如百度、天猫、京东、小米、格力等。

第四节　域　名

人类进入信息时代之后，又发明了一套可用于网络寻址的名字系统——域名。品牌与商标相同的厂商没有任何困难，便在域名系统里找到自己的品牌，于是有了：

（1）microsoft.com，微软/Microsoft；

（2）abb.com，ABB 集团；

（3）google.com，谷歌/Google；

（4）nike.com，耐克/Nike；

（5）alibaba.com，阿里巴巴；

（6）baidu.com，百度；

（7）tencent.com，腾讯；

（8）mi.com，小米购回；

（9）jd.com，京东购回；

（10）haier.com，海尔；

……

不过，更多的中国品牌遇到了问题，无法顺利注册跟自己的品牌一样的域名。原因多种多样：

一、被抢注

16 年前，一家中国内地公司在香港成功上市，新上任的信息总监这才发现与公司品牌同名的域名被一位香港人注册了。注册日期就在其上市之后不到一周时间内。于是，信息总监搜索域名持有人信息并与其取得联系，表示愿意出 5 万元购回域名。不料那人要 500 万元，态度强硬，一分钱也不肯少。于是，公司向 ICANN 申请域名仲裁。花费不到 3 万元仲裁费，便顺利赢得仲裁，无偿地拿回域名，抢注者一分钱也没有拿到，还白白丢了几十美元的注册费。

如果确凿证据，不妨申请仲裁索回被恶意抢注的域名。另外，还是一个小小的公关事件题材。

二、拼音太长

有的品牌没有英文，用拼音写出来，即长又难看，不想采用。这时，可以想办法注册一个特别一点的名字。比如伊厦成都国际商贸城，就想出来一个好名字——ysccc.com。从字面上看，也不算乱取的名字。ysccc 是 Yi Sha Chengdu Commodity City 的首字母简写。

三、企业名称、品牌名称不同

可以考虑要不要将公司网站、品牌网站分开独自建站。广州华展展览有限公司每年举办一次名叫 HOSFAIR 的酒店用品展览。他们就选择注册了 huanzhan.com.cn 作为公司网站的域名；注册 hosfair.com 作为品牌展览网站的域名。

四、使用自认为更好的域名

中国最大的大型街机游戏机制造厂商广州华立科技没能注册到 huali.com。另外，国内还有一家叫华立的上市公司，也没有能注册到这个域名。上市的那家华立科技注册了 holley.cn，而广州华立则注册了一个名叫 wahlap.com 的域名，跟粤语的"华立"很接近。这样的处理也不错。

广州长隆国际大马戏特别有名气，他们的域名叫 ChimeLong.com，读起来像汉语中的"长隆"；英语的字面解释则是"钟声悠长"的意思。这种组合，堪称典范。

笔者意犹未尽，大家再来看几个"机智"的域名吧：

（1）携程网，ctrip.com；

（2）雅居乐，agile.com.cn；

（3）万科集团，vanke.com；

（4）中国移动，10086.cn；

（5）中国电信，ct10000.com；

（6）善领科技，zenlane.com。

第五节　手机域名

因为汉语跟英语不同，很多国家的企业都跟中国的企业一样，面临着相同的难题。比如俄语、阿拉伯语等，跟汉语一样，无法用自己的语言注册域名。2000 年底，ICANN 便批准开通了国际域名（IDN–International Domain Name），其中也包括中文域名。在那之前，我们注册的域名，只能是英文字母、数字、中划线的组合。在中国，到目前为止，我们可以注册到的中文域名主要有：

（1）中文.中国/中文.cn；

（2）中文.公司/中文.com；

（3）中文.手机。

当然，还有各种各样的后缀的中文域名。每一个后缀，就是一个顶级域，由一个认证的注册局（Registry）负责管理。申请或购买域名需要找各注册局认证的注册商，一般都可以在注册商的网站上实时查询，在线注册。

如果你跟笔者一样是互联网界的老司机，肯定还会记得，2000 年注册的中文域名，并不能使用，无法解析。因为，各个浏览器还没有做好准备。毕竟，开发浏览器的公司也有很多头疼的事情要兼顾。

现在，所有的中文域名，都可以由浏览器正常解析，完全可以使用了。中国的企业，终于又可以将域名、品牌、商标的事情放到一起统筹考虑了。

在众多的后缀中，手机域名——以".手机"为后缀的中文域名——被认为最适合承担起这个重任。理由如下：

理由之一："\.手机"容易记得住

移动营销时代，多数人在空闲的时候，拿着手机浏览，很容易记住".手机"这个后缀或顶级域。关于顶级域，在这里，笔者为大家小小地科普一下。顶级域分为两大类：

一类是国别顶级域，ccTLD（country code Top Level Domain）。世界上200 多个国家和地区对应着 200 多个 ccTLD。

另一类是通用顶级域 gTLD（generic Top Level Domain）。ICANN 批准了 1300 多个 gTLD。截至本书发稿之时，两类顶级域，也是全部的顶级域共计有 1536 个。

思考一下：这么多后缀，你真的不担心大家记不住吗？

理由之二："\.手机"准备了丰富的、适应移动营销的应用

笔者并非要写一本广告书给大家看，所以，这里只简要地讲一两种服务：

（一）微入口

微是一个适合各种终端设备或屏幕浏览的一组网页。有管理内容的后台，相当于自助建站；有在线留言簿功能；有功能强大的访问统计功能。

（二）福星社

提供了"社交电商"服务，关注营销过程中的"意见领袖"，并通过基于动作的、精准的奖励机制，让这些为品牌做出贡献的人能得到经济上的回报。基于动作的奖励机制，就是移动营销时代广告投放模式 CPA（Cost Per Action）的具体实现和应用。

理由之三："·手机"后缀是个中性词，适应各种应用场景

如果你是一位公众人物，如那位口无遮拦的高晓松。你的名片印哪个网址比较适合？

（1）http：//高晓松.中国；

（2）http：//高晓松.商业；

（3）http：//高晓松.手机。

会不会第 （3）种感觉好一些？如果感觉不明显，那就再来看一看中山大学注册哪个比较好吧。

（1）http：//中山大学.edu.cn；

（2）http：//中山大学.中国；

（3）http：//中山大学.商业；

（4）http：//中山大学.手机。

还没感觉？假如有一家北京康复医院，再来比较一下：

（1）http：//北京康复医院.中国；

（2）http：//北京康复医院.商业；

（3）http：//北京康复医院.手机。

还是手机后缀的感觉好一点。要是一家公益组织，后缀挂个"商业"肯定更别扭。

理由之四：".手机"应用上线快，即注即开通

如今开通一个网站，必须要向服务商申请 ICP 备案，从拍照、提交备案资料、批准开通，最少需要一个月的时间。要是你的网站内容还没有准备好，那所需要的时间会更长。等待三五个月也是常有的事情。

看过前面的介绍，我们应该知道，注册".手机"域名后，基本上当天就可以开通"微入口"，相当于上线了一个手机版的网站。

第六节　商标的新动力

商标是古代商号的延续，是在立法层面上对商业名称的认定和保护。商标自 1876 年问世以来，扮演着越来越重要的角色。每年都有商标价值的评审，2018 年全球品牌价值排行榜上，过千亿的品牌有 3 个：苹果1828 亿美元，谷歌 1321 亿美元，微软 1049 亿美元。那位在传统营销时代一直雄踞榜首的可口可乐，则以 570 亿美元的"标价"降至第 6 名。社交网站脸书则以 948 亿美元位居第 4 名。前 100 强中，中国只有华为以 84 亿美元上榜，位列第 79 名。

2008 年，杭州中级人民法院驳回达能关于撤销娃哈哈商标仲裁结果的申请，意味着杭州仲裁委员会终审认定的娃哈哈商标最终归属娃哈哈集团所有。这个裁决也宣告了法国达能集团搬出总统来助阵的旷世公关行动的失败。为了一个商标，达能也真够拼的。从另一个角度来看，商标的重要性可见一斑。

2012 年以来，加多宝与王老吉打了大大小小 21 场官司，最终广药集团收回王老吉品牌使用权。加多宝赔偿广药集团 500 万元。双方的官司一直到 2017 年 8 月 16 日才终于告一段落，这一次判决双方可共同使用红罐包装。

成立于 2006 年的猪八戒网，定位于提供兼职中介业务，撮合寻找服务的一方和提供服务的另一方。到目前为止，已经获得 10 亿多元的投资。2016 年，猪八戒网有一个意外的收获，一跃成为中国第一大商标注册代理机构。2017 年排名第二，也为企业注册商标达 130908 个。

这说明：商标，在中国上行升温，进入一个火热的阶段。

促成这一现象的原因很多：中国商业发展速度加快；中国企业的知识产权意识在加强；电商平台硬性要求入驻企业提供商标许可证明。意思是：不管是别人授权，还是自己获取，都得有商标。如天猫上最高规格的网店——旗舰店，必须由品牌商亲自出面向天猫提出申请。

商标也可以有点创意。2002 年，海口一位小有名气的企业老总注册了很多有创意的商标，比如苏丹红（服装类）、黄光裕（洁具类）、霍去病（医药类）等，可以开出长长的一串清单。这么多年过去，不知道这些商标是否出售过，他的这种投资行为是否赚到钱。

第七节　商标的新花样

如果业务仅在中国开展，那么在中国国家工商总局下属的商标局注册商标即可。但目前并不自动涵盖香港、澳门和台湾。要开展国际业务，还得向目标国家逐一另行申请。立志于拓展全球市场的公司，面对着全世界 200 多个国家和地区，难道要一个个地去申请？

还好，国际之间还有一个《商标国际注册马德里协定》。根据国际知识产权组织网站上的介绍："商标国际注册马德里体系受 1891 年签订的《马德里协定》和 1989 年签订的《马德里协定有关议定书》的制约。通过本体系，只要取得在每一被指定缔约方均有效力的国际注册，即可在数量众多的国家中保护商标。"截至 2018 年，加入这一条约的国家数量达到 101 个。全名单列表参见附录：《商标国际注册马德里协定缔约国全名单》。

中国企业，可以通过中国国家商标局，同时在 101 个缔约国里提出商标申请。

第八节　域名与商标

网络时代，我们需要网站来承载营销信息，以打造品牌的信息要塞。

商标受到保护，我们就放心了。但是，域名怎么办？如果商标是个独特的文字组合，且可以注册域名，那最好不过。财大气粗的联想，将原来的英文商标 Legend 修改为一个独特的字母组合 Lenovo 之后，就在全球范围内注册商标，并注册了 lenovo.com 这个还算简短的域名。

京东商城，原来的域名很尴尬——360buy.com！这是什么鬼？一位外国人分析京东向美国证监会提交的报表分析，估计 2012 年京东购买 jd.com 域名约花费了 500 万美元，并说这刷新了当年由 investing.com 的 245 万美元创下的交易纪录。但是，与 2010 年 11 月脸书购买 fb.com 时花费的 850 万美元相比，还是一桩很划算的买卖。"京东"二字，跟其拼音的首字母缩写对接，也只能如此了。

小米 2014 年购买了 mi.com，花了 360 万美元。小米的 mi.com 与"小米"品牌的对标也有不小的差距。2015 年奇虎花了 1700 万美元买回 360.

com，与其品牌 360 还算契合。

截至 2018 年 10 月，全世界卖得最贵的域名是 carinsurance.com，居然有人花费 4970 万美元！英文是两个单词 car、insurance，汽车保险的意思。这么长，这么难记的名字，要是卖给中国公司，1 万元人民币也不要。这个域名里完全没有品牌信息，还不如 ci.com 好记。

全球面板巨头京东方呢？用 jingdongfang.com？没有。京东方的志向远大，要做地球上最好的公司，即 best on earth，还抢到 boe.com，真不错！中文名与英文名不对应，也是个小小的遗憾。

第九节　中文域名与商标

中国的品牌，与英文为主的域名很难建立起联系。多亏有了中文域名。

访问 http：//联想.中国，只能看到一个"网站建设中"的页面。来到 cnnic.cn 查询这个域名，居然是 2018 年 5 月 14 日才由联想（北京）有限公司注册。

再访问 http：//当当.中国，只有一个页面，正在出售这个域名。看来不是当当网注册的。

访问 http：//海尔.中国，显示"502 Bad Gateway"。看来注册了，但是没有做好解析。

对于中国的普通网民来说，在使用中文域名的时候，还面临着另外一个问题：记不清域名的后缀。

格力.中国；

格力.公司；

格力.info；

格力.biz；

格力.cc；

格力.手机。

以上仅为举例，笔者并未一一查询这些域名是否已经注册。但可以肯定的是，以上后缀是存在的，并且都提供中文域名注册。实际上，可以提供中文域名注册的远不止这些。

第十节　手机域名与商标

理想的状态下，商标或品牌与域名完全一样，让客户记住品牌的同时，顺便记住了域名。也只有中文域名提供了这样的机会。我们看到，在提供中文域名的众多后缀中，手机域名可能是一个比较好的选择。

手机域名，扮演的也是一个信息挑选工具。我们先来看一看下面这一列表：

（1）小米.手机；

（2）同仁堂.手机；

（3）王老吉.手机；

（4）海南航空.手机；

（5）招商银行.手机；

（6）清华大学.手机；

（7）温氏.手机；

（8）伊利.手机；

（9）奇瑞汽车.手机；

（10）黄晓鸣.手机。

品牌名称与域名完全对得上。即使像长隆集团那样，中文品牌"长隆"与英文域名（ChimeLong.com）之间有个聪明的"音译"转换，也比不上"长隆.手机"来得直接。有人说，我们是国际化品牌，要面向全球。这时候，不同的语言版本，使用不同的域名或名称非常重要。我们在国内都说"微信"，在其外国用户群体内，都知道 WeChat（英文直译是"我们聊"），不知道"微信"或"weixin"为何物。

中文？能用吗？很多人对此心存疑虑。这里再重复一遍。现在拿起你的手机，或者打开你的电脑，打开浏览器，在地址栏里输入"高晓松.手机"，然后确认访问。再试一试"大别阿郎.手机"，你能看到什么？

只要是螃蟹，就有人敢吃。在这个传播过度的时代里，集中企业的资源，提升品牌在企业内的号召力，提升在公众视野里的形象，显得尤其重要。一个组织里的成员越多，就越需要一个强有力的领导者，跟品牌的场景道理是一样的。这也是香农的信息理论的实证，也是经过挑选后的信息增加的价值，产生的力量。

郑州图书馆门前，几乎每晚都能看到一群身着统一的碎花长裙的女子和身穿深色礼服的男子，踩着音乐的节拍，迈着轻盈的步伐，排着整齐的队形，手牵着手，一对一对地走上前来亮相，然后像花瓣一样往两边回退。远远看过去，那种优雅，那种从容，那种青春，那种美丽，让行人驻足——走近之后，才发现，那也是一群跳广场舞的大叔大妈。抽象地分析，他们传达出来的信息，是不是通过音乐、舞蹈、形体和服饰"挑选"出来的？是不是形成一种震撼的力量？

手机域名是中文域名的一种，除".手机"这个后缀便于记忆之外，还因具备"通用"这个属性，跟".中国"".公司"".商业"等后缀相比，更胜出一筹。这一点笔者在前文已经详细论述过，在此不再赘述。

第十一节　域名保护提防"玉米虫"

品牌是服务和品质的代表。越是知名品牌，商业价值越高。至少在中国，品牌的经济价值可用"商誉"等科目列入财务报表，记入企业的资产负债表。

在域名行业，大家亲切地称呼域名为"玉米"。

情景一：正是因为品牌的价值存在，有一些人便开始进行投机活动——抢注知名品牌的域名。这样的人被称为"玉米虫"。

情景二：有一些域名不会与任何知名品牌有关联，或者在某个字母组合，如 mi.com 成为知名品牌之前就很有远见地注册了该字母组合的域名，也是正当的生意，不算是投机。做这类生意的人，就是"米农"。

情景三：身在中国的"米农"并不知道泰国的知名品牌，也有可能在纯属巧合的情况下注册了相关的域名。

上面所述的三种情景下，知名品牌要想维权或索回自己的域名，是否有办法跨国追讨呢？有。国际组织"世界知识产权组织"（WIPO）专门负责域名的仲裁。在其网站上，我们可以查询到在其主持下审理过的和正在审理的仲裁案件。WIPO 网址：http：//www.wipo.int。

在 Home＞IP＞Services＞Alternative Dispute Resolution＞Domain Name Disputes＞Search 目录下，笔者查询到法国人头马公司起诉广州的一位自然人，要求索回"人头马.手机"域名的案件。最终，仲裁员 Peter J. Dernbach 于 2015 年 11 月 5 日做出裁决："裁定将争议域名＜人头马.手机＞（＜xn--gmq48wd16c.xn--kput3i＞）转移给投诉人。"

但是，如果无法证明自己的品牌是知名品牌，仲裁也无法帮助你的企业拿回与品牌同名的域名。这时，要想保护，只能尽快注册，别无他法。当然，你也可以重金回购。

仲裁往往需要花费数万元仲裁费，还需要长达数月周折。有的"玉米虫"很精明，充分利用这一点，抢注知名品牌的域名之后，如遇品牌商要回购，他并不贪心，开出一个比仲裁费低的价格，品牌商一般也会接受，因此省去不少费用和精力。但一般情况下，花费还是比自己注册的成本高出不少。

因此，不管是哪种情况，最好的、最经济的保护方法是品牌自己抢先注册域名。

知识小专题

国际域名管理权威机构 ICANN

ICANN 网址：https：//www.icann.org。

1983 年，美国相关机构意识到越来越多的主机接入网络后，在服务器上保存的、记录各主机名称和 IP 地址的文件 hosts.txt 已经无法满足实际的需要。1983 年 11 月，RFC 802 和 RFC 803 建议开发一个包括域名、域名服务器和域名解析器在内的一套系统，将域名保存在分布式数据库内，将可以更好地服务网络。于是，1985 年 3 月 15 日，第一个.com 域名便诞生了。域名服务器的管理工作后来由一个名叫 IANA（国际数字地址管理局）的机构负责。

ICANN（Internet Corporation for Assigned Names and Numbers），即国际名字及数字管理机构，成立于 1998 年。这个机构负责全球域名及 IP 地址的管理工作。正如前文所述，域名分为两大类：

（1）通用顶级域，gTLD，generic Top Level Domain，如.com/.net/.手机；

（2）国别顶级域，ccTLD，country code Top Level Domain，如 .us/.cn/.uk。

对于每一个通用顶级域，ICANN 便授权一个"注册局"来管理。如 .com 的注册局是美国的 Verisign 公司。又如".手机"顶级域的注册局是中国的华瑞网研。

国别顶级域的注册局有所不同，一般都是先经各国政府指定，再由 ICANN 授权的机构，如中国的中国互联网信息中心（英文简称 CNNIC）负责管理中国国家顶级域".cn"域的管理工作。

当前，ICANN 接管 IANA 的行政职能，IANA 则变成 ICANN 下属的机构，专门负责技术管理全球域名解析的根服务器。这些根服务器，在数年前，一共有 13 台，分别冠以 A、B、C、D、E、F、G、H、I、J、K、L、M 之名，其中的 7 台 A、B、D、E、G、H、L 运行在美国本土的数据中心内。另外的 6 台则是以 anycast instances 的形式，"分身"成数百台服务器，运行在世界各国境内。

曾经有人写文章呼吁，说美国随时随地可以切断中国或任何一个国家的互联网。在这种恐慌情绪的驱使下，国际社会呼吁美国政府放权。ICANN 的成立，是美国政府做出的小小让步。2016 年，瑞典人 Göran Marby 被推选为 ICANN 的 CEO，延任至今。

第七章

发动社交营销

及至冬天，西北风从那古柏的树梢中穿过，呼啸出沁人魂魄的，隐喻着、叙述着万世之劫的乐声。从那时起，吴为就喜欢上了刮风的日子。那冬日的、从丹阳观古柏中穿过的西北风，把她还不会述说也永远述说不出的她和叶莲子的凄苦，替她们说了出来。那风，就是她们的语言，她们的哀歌，那风就是她。每当那泉水、那风之乐响起来的时候，小小的吴为，就感到若有所思、若有所悟、若有所依、若有所归。她就在那泉声、风声中，慢慢长大……

——张洁《无字》

维护品牌形象，吸引客户是一个相对缓慢的过程。

然而，在现实中，要在限定的时段内打造新品牌，或者新上任的营销总监、总经理要冲销量的时候，还得运用口碑这个利器。这个利器，人人都久闻其大名，但只有少数人知道它的栖身之所，更少人懂得如何高效地加以运用。

在当前的语境下，口碑，停驻在意见领袖的指尖上！

哪些人是意见领袖？是群主、版主、圈主；是广场舞领舞的大妈；是老年歌唱团的团长；是晨练太极教练；是书画社团的头头脑脑；是我们身边那些有一技之长的朋友或家人……

如今的意见领袖，在社交媒体上一呼百应。他们靠的是个人素质和影响力，社交 App 对个人的这种影响力进行了放大、加速。

什么是社交？就是社会交往。得，等于没说。

社交，尽管有各种各样的形式，但抽象起来观察，居然也是人与人之间信息的交换。

从表面的形式看，传统时代的社交是这样的：两个人或一群人参加吃饭、论坛、沙龙、酒会、宴会、读书等聚会；两个人或一群人去骑行、徒步、打球、摩游等体育活动……总之，大家得见上面。时间成本很高，大多需要亲临现场。

后来，社交推出了虚拟化版本，以在线的聊天室、论坛、IM、社交网站、社交 App 为基础，社交就变成了加好友、留言、评论、点赞、转发、送花、送虚拟礼品。现在还出现直接给钱的"打赏"和"发红包"。这就是社交 2.0 时代的典型行为。这些行为，多为个人行为。

第一节　社交就是公关

移动营销时代，企业在线的社交行为有哪些？企业的社交，除了以上个人行为之外，还可以是以下内容：

组织一个在线论坛；

发起一场活动如转发有礼、征文、创意召集；

发布一篇文章；

为在线活动提供赞助；

贡献一个工具或服务；

专为社交制作一个内容如小视频；

制造事件或话题；

社交式销售。

这些活动看起来很面熟吧？是啊，早有企业这么干了。企业的社交，就是企业的公共关系管理。不过，如今用社交这个词更具时代气息。

同样，所有的营销活动都得要先策划，再实施，还要监测效果，比对是否实现营销目标。这个过程是营销管理，并非本书讨论的重点。本书讨论的是网络营销的具体内容和步骤。所以，接下来，我们将一一讨论以上这些社交活动的内容。

口碑与社交什么关系？

社交是口碑传播的通道。如果口碑是封装成数据包的信息，社交就是传递数据包的网络；如果口碑是高铁，社交就是高铁铁路网；如果口碑是行人，社交就是道路……

第二节 口碑营销的套路

真情难长久，套路永流传！

尽管大家都知道，口碑营销，有利有弊，一旦发起，便很难控制。但也有可能如石沉大海，悄无声息。也就是说，口碑有好口碑，也有坏口碑。坏口碑的威力摧枯拉朽，有时能将一家企业直接带到死亡的边缘。有一句老话说"好事不出门，坏事传千里"，总结的就是这个道理。当年，三株口服液在市场上大红大紫，日进斗金。有人起诉三株称一位老人喝了八瓶三株口服液后死亡，要求赔偿。1998 年 3 月 31 日，湖南常德中院判断三株口服液败诉，要三株口服液向死者家属赔偿 29.8 万元。三株上诉至湖南省高院。1999 年 3 月，湖南省高院终审判决，三株无责，胜诉。然而在这一年时间内，一个有 400 家子公司、15 万名职工、年产值达 80 亿元的企业销售额暴跌 90% 以上，几近倒闭破产。这也是危机公关的反面教材。

2007 年，某网络公司的域名服务器被攻击，导致大面积断网。该公司马上撰文为那起导致"30多万家企业网站断网"的事故向客户道歉。他们的态度很诚恳，甚至还让一些业外人士从相关的文章里无意中解读出这样一个信息：这是一家大公司。

看来，口碑营销也是一把"双刃剑"。企业经营，哪有不冒风险的？吃饭还有可能被噎着，生孩子还有可能难产……

富于冒险精神的企业人仍然会问：启动口碑营销有一个现成的套路或公式吗？有。有人总结出启动口碑营销的三个方法，分别是：

一、客户自发模型

这是一种自发的模式。也就是意味着公司不直接劝说客户转达什么信息，而是由客户自行主动向其他客户或潜在的客户分享使用心得、提供建议或警告，是发自内心地想要分享，想要帮助别人，并非是要获得私人利益。苹果、小米经常有"黑科技""谍照"被爆出来。难道粉丝们真的能无孔不入？谁信啊。不过，一般大众懒得刨根问底。

二、线性营销模型

在这个阶段，营销人员可以发现那些非常有影响力的客户，即我们通常所说的意见领袖，有意识地引导这些意见领袖以品牌期望的方式与潜在的客户们沟通、交流。这时候营销工作就是要确保所要传达的信息，能够以适当的形式、适当的时段传达到所要到达的意见领袖那里。挑选有影响力的客户做内部测评，或者开座谈会之类活动，对其看法做积极回应。也有的根本不知道哪些人是自己品牌的意见领袖，满天撒网式乱搞一气。我们还应该知道，有一类人，他们根本就不是或者不可能成为我们的客户，但他们也会向人推荐我们的产品服务，并且很具权威。

社交营销正是基于这个认知，要通过奖励的方式，肯定意见领袖的作用。

三、网络合作模型

这种模型鼓励客户就某一个产品和服务发表自己的看法。客户们通常是通过博客，或者是在线的沟通工具来进行。这时，营销者可以对这些传播节点获得一点控制权。最常见做法的是"把这张海报发布在朋友圈，集齐 100 个赞，即可免费得到一个精美水杯……"

以上的三种模型中，并未区分线下线上的活动。一些专业人士，如中国电影艺术中心的叶子认为，传统的口碑营销与基于网络的口碑营销是不同的，并在其硕士论文《2017 年国产片网络口碑与票房的关系研究》中总结出两者之间的六大不同之处，如下：

（1）传播内容、作用相同，都能通过口碑的传播影响消费者的购买行为。

（2）信息发布者的变化。传统口碑基本上是面对面的口头交流，能确定口碑发出者就是消费者。网络口碑则无从知晓口碑发出者和传播者的真实身份，其传播人有可能是消费者，也有可能是企业。另外，传统口碑受限于话语媒介，传播类似"坊间流传"，虽然普通消费者是口碑建构者，但很多时候并不直接呈现出来，而是间接地表现为产品或服务的销售业绩。但是网络口碑的信息发布者借助网络媒介，让大众的口碑直接呈现出来，在传播中强化了话语权。

（3）传播速度和范围。传统口碑传播速度慢、范围小，而网络口碑传播速度快到惊人且不受地点时间的影响，可以大范围、长时间地传播。

（4）传播形式。传统口碑通常是口头相传，主要依赖语言。网络口碑包含了文字、图片、视频、音频等多种形式；而且由于口碑上线，信息可记录、存储，保证信息传播准确性的手段比口头传播更强。

（5）网络口碑在测量评论数和具体内容上，比传统口碑更加方便。

（6）商家对传统口碑难以实施监控和干预，但能监控网络口碑并进行一系列操控行为。因为网络口碑的这些特点，消费者无法判断网络口碑的传播者到底是消费者还是企业，所以企业对网络口碑的操控也会一定程度上地影响到消费者的决策。

相信这些分析和解读各有其确定性的一面，也会有片面的地方，但全面地了解，一定可以给我们营销人一些有益的启发。

第三节　社交名片

做销售的人都会随身带着厚厚一叠名片，见人就发一张。企业在线社交，该用什么样的"名片"呢？不同的平台，不合的场合，要着符合该场合的"穿着打扮"，要找到符合品牌的场合，要准备合适各个场合的"名片"。这个也不复杂，无非就两样：名字、头像。

在微博、观察网、今日头条、百家号、百度百科等"场合"，都可以申请"加V"，即进行身份认证。这样，会给人带来很强的信任感。笔者在脉脉上的账号经常会有一位访客：京东商城。多一位访客，会为这位被访者带来影响力的加分。所以，笔者对这个"京东商城"又多了一份好感。京东商城"揣"着"名片"在脉脉上开展的这种"登门拜访"活动，笔者想肯定不是京东安排某位员工下载脉脉App，一上班，啥事都不干，拿着手机一个一个地点击其他会员的头像带来的效果。否则，他一天能点一万个？至于是如何做到不让人去点击，又能让人看到这个品牌号来点击了，我们可以不理会。笔者想说的是：这么一个巨无霸的公司，能把营销工作做得这么细致，不能不让人惊叹。而提供这个功能的社交App，想得更多，走得更远。不是吗？

既然打着企业或品牌的名头，那么头像肯定也得是企业的标识（LO-GO）演化而来的，要请设计师专门制作，而不能随便使用阿猫阿狗的照片。这个逻辑，你懂。

第四节　在线论坛

2018 年 9 月 19 日 14：00~17：00，企业版 Linux 的主力厂商红帽公司在中国举办了一场在线的技术交流活动。举办活动的消息，提前一个月，经由代理商、认证培训机构、网站、公众号或其他相关媒体等渠道发送出去。有兴趣参加的人可以先登录指定的网站进行注册。活动前一天，登记过的人会收到一封邮件，提醒第二天的活动日程。活动当天上午，再发出一条短信，通知与会者会议的登录地址，再次提醒时间。活动开始了，参加的人登录进去，可以看到会议演讲的文档，可以自行下载。屏幕上显示的是演讲者的电脑桌面，即演讲使用的幻灯片。所有与会人员列表则显示在网页的一侧。

如果你不想使用电脑，可以扫描网页上的一个二维码，切换到手机上观看。演讲完成后，进入提问环节。与会人员在线提交问题，由演讲者现场解答。与会人员在自己的电脑上，可以录屏，也可以截屏，记录重要的内容。

这一切都在网上进行。与会者来自全国各地。大家都不需要坐车、乘飞机等交通工具跑来跑去，节省了多少社会资源！与会者感受的气氛可能比亲临现场差一点儿，但会议组织想传达的基本信息，如显示在屏幕上的信息，却看得比现场更真切。除非在现场，演讲者使用 VNC 服务器软件，并允许大家登录到他的电脑屏幕上去查看。

阿里的云栖社区经常在举办现场活动的同时，开通远程会议服务，让更多的人参与。

第五节　制造事件及活动

一、粤 B 越闪亮

2012 年前后，深圳的很多车后面贴了一张不干贴，上面写着几个字：粤 B 越闪亮。粤 B 深圳车牌号前两位，这个我知道。怎么个闪亮法？不明白。询问深圳的朋友，这是咋回事？朋友回答说，有人发起的一项公益活动，呼吁深圳的司机文明驾驶。这个活动很好。谁设计的车贴？谁制作的？谁发放的？我们都不知道。一个与汽车有关的企业，可以召集这样的活动。可能没有直接的好处，甚至还要花钱，但绝对值得去做。

二、黎明脚步

2007 年，河南焦作一位叫李晓树的人在论坛上发了一个帖子，叫大家早晨起来跑步，还坚持在清早打电话叫醒留电话号码给他的那些人。这个活动后来发展到全球 20 多个国家、中国 200 多个城市，清早叫醒 20 多万人，被人称作"黎明脚步"。这样的活动，企业也可以利用自己的资源，参与或发起。

三、节日食谱

宋代京城东京（如今的河南省开封市）有一家餐馆就是制造事件的高手。一年之中，有几个节日，如中秋节、元宵节等的当天，那家餐馆只卖快餐。即，那几天，食客们只能在餐馆里吃到节日食品。餐馆准备充分，制作精美，处理速度快，收入不但不受影响，反而会大增。他们的节日促销方法和食谱被京城里其他餐馆效仿。笔者认为，他们一定会很得意地说他们一直被模仿，从未被超越。

四、免费食品

2016 年 10 月 6 日，上海西康路上，一家叫"兜约"的餐馆摆出一台冰箱，将客人点上桌但没有动过的食品放进去，并标明"赏味期"，供人免费取用。老板是看到一个公益组织发起的活动，主动联系并参与进去。开始的时候，他觉得没有人会来取食。结果，出乎他的意料，这个冰箱特别受人欢迎。还有人把自家不想要的食品捐赠，也放进冰箱。

五、小微捐赠

你也许已经听说过"暂缓咖啡"（Suspended Coffee）的故事。据 2013 年英国《每日邮报》网站上的一篇文章介绍，意大利那不勒斯有一群人在咖啡店里发起了这个活动。点咖啡的人付两杯咖啡的钱，却只喝一杯；另一份则"暂缓提供"。什么时候提供？任何人都可以走进贴着提供"暂缓咖啡"标识的商店，要一杯"暂缓咖啡"而不用付钱。咖啡店或餐馆则多在门前立起一块木板，上面写着"本店提供暂缓咖啡，还有 50 杯"字样。索要这种咖啡的人并不一定是流浪者，也可能是一位心情绝望的人，想体验一下这人世间的温暖。据说，到 2015 年，34 个国家的人共捐赠了 1500 万杯咖啡。

你应该也听说过"捐餐"活动。广州有几家餐馆一直在办，真的有人捐。捐的人，点两份餐，出两份的钱，只吃一份，另一份捐给餐馆，由餐馆代为转赠给需要的人。这些微公益活动，都是小资们力所能及的善行，肯定能给我们的网络营销活动，甚至是这个"世风日下、人心不古"的社会带来一点暖意。

六、打印书籍

制造一个大家感兴趣的话题当然不容易。只要你用心去寻找，或许也不难。2015 年，美国纽约某个人写了一个软件，把 Wikipedia.org 的 11594743 篇文章全部下载下来，并排版成 7473 本书，一本一本打印出来，装订成书。做什么？这些书被拿来当砖块，装饰他的画廊。一时间，那家画廊人满为患。这也是一个很好的点子。

七、偷拍读书人

一个网名叫"向北向北"的人，坚持偷拍北京地铁上的读书人，还把照片发布到豆瓣网上。尽管有质疑的声音，但多数人对这种行表示赞赏。照片上那些利用片刻空闲时间来读书的人，给我们带来一阵激励，一点温暖。是不是豆瓣网的行为，不得而知。这种做法很有意思。

企业搞公益活动，只要不太生硬，人们还是很乐意接受的。

第六节　制作内容

做移动营销，怎么可以少得了一个微信公众号？有多少家企业，因为受到一天可以群发一篇文章的引诱，而申请了订阅号？报纸、杂志、媒体有能力每天发布一篇原创的或者有料的文章或视频。但一般的企业，真的做不到。80%的企业，一周发一篇都很吃力。

制作原创的、有质量的内容，无论是文章，还是视频，都不容易。

有的老板受到各种培训蛊惑，认为阅读量 10W+（即 10 万以上）的文章，只要按照学来的秘籍操作，便可以手到擒来。有一位刚入职的营销小白在社区里问道：老板给一篇文章 500 元的预算，都要求 10W+。我该怎么办？很多老司机答道：哥们，遇到这么不靠谱的老板，赶紧辞职吧！其实，要浏览数据造假的话，500 元还花不完。但这是老板们想要的结果吗？显然不是。

都听说过咪蒙吗？听说她的文章都是 100W+。不过，你得想一想，她半夜睡不着，烧了男朋友腿毛的故事，跟你的产品能扯上关系吗？

群发？听起来很美。群发给谁？只能群发给关注你的公众号的人。关注你们的公众号的，有多少个人？100 人、1000 人？还是 100000 人？很多企业的公众号关注者，把自己的员工都算上，也不足百人。群发的效果有多大？

人间正道是沧桑。很多事情，需要我们全力以赴做好，还要能坚守。如何坚守，笔者就不谈了。关于如何做好内容，笔者很想多说几句。在一个 App 里，一家提供专车服务的公司做一个活动，要测试一下大家的职场情商。下班的时候，公司就剩下你和一位女同事，而且她突然身体不适，请问你怎么办？只有四个答案：A. 自己回家，不理会那女同事。B. 跟女同事一起，打车送她回家。C. 送那女同事去医院。D. 叫两辆专车，一辆给自己，一辆送女同事回家。

答案里从头到尾都没有想到，你居然可以有自己的车，可以开车送女同事回家。或者女同事居然也可以有自己的车，找个代驾什么的。于是，你只能选 B，得到的结论是你的情商非常有待提高。看来，专车公司非常希望你选 D。就算我叫专车，为什么不叫一辆，绕一绕道把女同事送回家放下，自己继续乘车回家呢？这种强硬灌输的营销活动，不做也罢。

认识到原创不易，给文案人员下达任务的时候，也要得当。否则，把人家逼急了，只能靠抄袭应付差事。一家卖鞋的公司，天天发布关于国际时政的文章，即使关注者爱看，也于营销无益。对了，政府现在禁止自媒体发布新闻，转载也不行。如果，你就是那位身兼数职，还要写文案的人，就应该据理力争。一个星期写一篇，弄出多个版本倒是可行的。

发布内容，咋就成了搞社交了呢？想象一下，一个自助晚宴上，大家或围成一桌，或端着酒杯，揣着名片到处物色聊天对象，做完自我介绍之后，大家还聊点啥呢？在现场，如果主动去关心一下别人的生意，与对方的交流就容易展开了。如马总，您好！请问你们最近有什么新项目啊？这样我们不但能引导话题，听到自己想了解的信息，还能把对方的注意力吸引到自己的事情上来，正是社交中常用的技巧。

另外，还要考虑发布的平台的特点，对内容进行调整，以适应平台。

第七节　提供赞助

一个品牌，通过实际行动，表现出社会责任感、对弱势群体的关爱、对优秀人群的奖励等，肯定会赢得客户的心。大公司的赞助，动辄千万元、数亿元，中小公司根本消费不起这样的"大餐"。2018 年 4 月 28 日，北京大学 120 年校庆，一位叫马东敏的校友竟然向母校捐了 6.6 亿元！她就是百度老板李彦宏的夫人。

据一家知名饮料公司信息部门负责人介绍，该公司年年坚持向中小学校很低调地捐赠公司淘汰下来的旧电脑。在他们看来，这样的事情实在摆不上台面。出不了名，但仍然坚持做，确实需要一点耐心和爱心。上文兜约餐馆的行为，其实也是一种捐赠。

一些公司在公众号的文章后面，持续向热心的关注者赠书。

大型文学期刊《花城》持续发表自闭症儿童的画作，并提供稿费，给这群"来自星星的孩子"一些温暖。看，直接捐钱，还不如这种代价更小、效果更好的激励。

不少提供定点扶助的企业或企业家遭遇到"升米恩，斗米仇"的困境，正是将受赠者"惯坏了"的结果。

赞助，也需要创意。

第八节　社区贡献

2016 年，阿里巴巴将其开发的消息中间件 RocketMQ 捐赠给世界上最大的开源软件基金会——Apache 基金会，并于次年成为该基金会的顶级项目。

中国的互联网技术人员一定不会忘记，阿里、新浪、网易免费提供的软件仓库服务。

北京时间 2018 年 9 月 19 日，Apache 开源基金会宣布腾讯正式升格成为其铂金赞助商。同时，腾讯的不少技术人员也在为 Apache 基金会的 Hadoop、HBase、Hive、MXNet、Parquet 和 Spark 等贡献代码。

中小企业在国际舞台上，肯定很难像阿里、腾讯那样折腾出大动静。但在企业所在的地方，我们仍然可以有所作为。河南太平牧业是一家养猪的企业，十几年如一日，坚持向本县几所中学提供助学资金。力所能及地为所在地区做公益、回馈社会，哪怕力量很小，也会赢得尊敬。社会公众不也是这样吗？每每需要捐款的时候，很多普通人都会伸出援手。千千万万笔微不足道的捐赠，汇成一股洪流，构筑起一条道义的长城。

个人可以做到，企业同样也可以做到。

第九节　社交式销售

社交的最高境界：在社交圈子直接做销售。这样直接带来收入，而不仅仅是营销。

一、社交圈子里，谈钱就伤感情吗？

很多刚刚步入中老年之列的人突然之间会发现，费了好大劲儿找到以前的好朋友，加了微信，通了电话，甚至还坐到一起，聊了一会儿以前的"美好时光"，又聊了一会儿近况，再往下，就没有什么好聊的，冷场了。郑同学经过打拼，成为一位地产开发商。张同学在一家公司里打工，连个中层管理人员都不是。张同学几经周折，联系到郑同学。郑同学招待张同学一顿大餐之后，没有什么话可说了，于是两人相互道别：现在交通方便，通信方便，以后常联系多联系。好好好。后来，两个人不怎么联系，形同陌路。究其原因，两个人的社交圈子、业务圈子相去甚远。另一位陈同学经营石材，却能跟地产开发商郑同学打得火热。因为他们两个人有生意做，有共同的话题，生活中有交集。跟朋友做生意，卖方真材实料，买方付款及时，别相互坑对方，多好的组合，怎么会伤感情呢？

二、某某品牌是很好，跟你有什么关系？

从直销进入中国开始，我们就经常能听到这句话。要拉你进去做直销的朋友会这样反驳你：某某品牌是很好，跟你有什么关系呢？你天天买那个牌子，见人就夸那个牌子，可是你只是为他人作嫁衣，你一点好处都没有。还不如来经销我说的这个牌子，利用闲暇时间，既能跟朋友保持联系，又能赚钱，说不定还能帮助朋友找到适合他（她）的生活方式。这个牌子不但好，还可以跟你有关系，让你赚钱。

三、微商

根据商务部在线查询数据，截至 2018 年 11 月 6 日，中国的直销牌照只发放了 91 张。同时，也不是所有产品或服务都可以做直销。上面这样的话术非常有说服力。

然而，在移动营销时代，社交式销售让这个话术会变得苍白无力。这也是微商近两年内井喷式爆发的重要原因。根据一份市场调研报告，2016 年微商的市场规模达到 3200 多亿元；2017 年为 5000 亿元；2018 年将达到 7000 多亿元。疯狂增加的背后，有一股让人担心的力量在蠢蠢欲动。2017 年 1 月 9 日，一则新闻《腾讯投资的微商小黑裙被微信封号了》将这股力量展现在世人面前。新闻称，"1 月 5 日，刚得到腾讯众创空间'双百计划'新一轮战略融资的小黑裙，在第二天就被微信团队封号了!"腾讯封号，连自己人都不放过! 为什么?

因为微商在技术层面上，都实现了让品牌跟你有关系，让你也赚钱，并且在微商城程序的帮助下，你可以随时随地看到这种关系带来的金额有多少、带进来多少人、每一笔发生的年月日时分秒都历历在目。一时间，"三级分销"这个词到处可见。我开通一个微商城，你来注册一个会员，买了东西，就可以生成一个精美的海报。海报的主角是你。海报说，我为××品牌代言。你把生成的海报发到朋友圈或聊天群里，你的朋友小明看到，便"识别图中二维码"来到我的微商城。他看东西不错，就下单购买。于是，有一笔提成便归你所有。小明是你的一级人脉，也是你的一级下线。

小明很聪明，发现这个海报的秘密，也生成了一张海报，也为××品牌代言，也发到朋友圈，他的朋友小黑看到，产生了购买。小黑是你的二级人脉，是你的二级下线。他的购买，让你和小明都得到一笔提成。以此类推，你可以得到四级人脉购买金额的提成。一个人购买你提成10元；10个人，便是100元……有理论说，每个人都加了250个好友。要是你能影响到10个好友购买；他们又影响10个好友购买……四层之后，便是10000人，那岂不是有10万元进账？而你所做的事情，不过是往朋友圈里发送了一张海报而已。

这样的推演让人热血沸腾，于是，你便行动起来，定点宣讲，定向突破。微商就是这么发展起来的。卖正经产品的有之，卖"三无"产品的有之，违法乱纪迅速敛财数亿元的也有。他们都上新闻了。

三级分销，涉嫌传销，还是好好做生意吧。

四、你为我介绍生意，我给你提成

朋友跟你说，你给我介绍客户，我给你提成。朋友之间说一说，大单子可以给你千儿八百的提成。这个可以有。

若是单价很小的商品，怎么办？你一位大公司高级白领，怎么可能厚着脸皮向别人推销面膜呢？真的推荐成功一个小单子，给你10元钱的提成，你还真要啊？

正像上面我们看到的，销售系统里实现了这种自动记计算提成的功能，你想不要都难。随手之间转发消息，就能赚点外快，为什么不干呢？系统自动给的，为什么不要？

重点是：意见领袖们也能因为自己的贡献而获得回报！

五、拼多多

帮朋友在拼多多上砍过一刀的，请举手。

两三百元钱的商品，找十几人、二十几人来砍价，最后直接砍到0元，不花分文拿走，是不是很爽？有多少人，特别是那些玻璃心的小女生，冒着被朋友拉黑的危险，到处求人帮忙"砍一刀"。笔者曾经多次帮朋友砍过价，没有为朋友花一分钱，损失的是自己的头像和微信号等数字资产被拼多多拿走了。不对，拼多多不过是拷贝走一份而已，笔者的头像和微信号还在。有人说，当心你的微信钱包，当心你的支付宝——来历不明的平台当然不敢，拼多多、云集这样一些混得脸熟的平台还是值得信赖的。

大概凭借这一招，拼多多迅速扩大了知名度，获得了市场份额。这不，拼多多于2018年6月30日在美国纳斯达克上市成功，从他们的招股书上，可以看到几个电商硬指标非常耀眼：

（1）2017年全年交易额（GMV）为1412亿元，约226亿美元。

（2）2018年第一季度交易额为662亿元，约106亿美元。

（3）2017年和2018年第一季度，拼多多订单总数分别为43亿单和17亿单。

（4）用户数和商家数：截至2017年12月31日月活跃用户为6500万人，截至2018年3月31日，月活跃用户1.03亿人。用户增速较快，一个季度，月活跃用户增长近4000万人。

（5）截至2018年3月31日止的12个月内，拼多多平台活跃商户数量超过100万家。

这些数字意味着，在中国，拼多多成为仅次于淘宝/天猫、京东商城之后的第三大电商平台。他们的主打就是"社交+电商"。

这个发展动向，符合香农的信息理论吗？完全符合。

意见领袖有多少能量，我们来看一个真实的事例。一位在工作的中年白领女士，人生的四十多年间，为洗涤衣物经历了这样一个过程：

皂角：小时候家里穷，洗衣服用的是豆科植物皂角树的种子豆荚，和衣服放在一起捶打，这样凑合着洗衣服。那时候，几乎家家户户都这样。

洗衣膏：本地一家企业生产出洗衣膏，价格低廉。洗涤效果比皂角强不少。当民众知道这种洗衣膏，都买来使用。

洗衣粉：再后来，她离开农村，外出求学，到城市里工作生活，发现人们都使用一种叫洗衣粉的东西来洗衣服。洗衣粉比洗衣膏贵。异地他乡，已经买不到洗衣膏了。况且，洗衣粉的去污效果就是强不少。

品牌洗衣粉：工作几年后，收入高了，买了天天在电视上做广告的品牌洗衣粉。贵一点儿，但洗涤效果更强。而且，她的收入不错，买得起。

洗衣香皂：认识的朋友中，有人在做某直销品牌的生意，把100元一块的洗衣香皂推荐给她。一来可以帮助朋友；二来说不定某一天，她也可以利用闲暇时间，从直销里获得收入。自己能买得起这么贵的洗衣香皂，让她自豪。

酵素洗衣液：10多年前，她在网上看到，有人说，地球污染太严重，要行动起来，拯救地球。他们呼吁人们不使用化学原料做的洗衣粉、洗衣皂，要使用天然的材料制作的酵素来制作洗衣液。于是，她便按照网上的指南，买来红砂糖块，和橘子皮一起，装进塑料瓶里，再倒进清水，让他们一起自然发酵，就成了酵素。她现在还在使用这种东西洗衣服，乐此不疲。

她丈夫劝她别瞎折腾，还猜测肯定是因为红砂糖滞销，糖商想出来的馊主意。她不肯听。在过去几十年消费观念转变的过程中，她最初因贫穷被动地接受皂角豆荚，到最后，主动选择宣誓拯救地球的崇高理想，并且亲身参与到其中，正是一个不断演进的信息挑选的过程。当前这个阶段，她认为，酵素、气候变化，跟自己高度相关，并且以自己采取了行动而倍感自豪。她并不是另类。在中国，跟这位女士一样白领人士至少也有百万人。笔者认为，这是蔗糖业的成功营销案例，可以永远载入史册。

社交电商，或者电商社交，并不是无中生有，是建立在深厚的心理基础之上的。拼多多的迅速崛起，并不偶然。

第十节　内容挑选

有人免费为你的企业、品牌做宣传，要不要？

三思！如果有人像 www.likecool.com 一样发布你们的产品，你就非常乐意。如果有人随随便便地把你的产品或信息发布到网上，弄得很难看，你不但不同意，恐怕还要找发布者的麻烦。2005 年，某电池公司突发奇想，也要办一个电池行业的 B2B 网站。他们的编辑人员，经过一番思想斗争，决定忍痛、免费把竞争对手 555 也注册到这个网站上，免费以 555 的名义发布了该品牌的一些产品。没多久，该网站的编辑们就收到 555 邮寄过来的一份律师函，要求他们撤掉网站上发布的 555 品牌的产品及相关信息。看吧，这才叫品牌管理。

2012 年底，深圳善领一款新电子狗上线，在网站标价 900 多元销售。可是广州就有一个网站也挂出这个产品，标价 300 多元。不断地有消费者向善领的客服人员询问，怎么别人卖你们的产品，还那么便宜？善领公司内部人员确认，广州这家公司并非其代理商。于是假装客户下单购买，那个网站便显示无货。打电话过去要求他们撤掉，对方态度蛮横，拒不配合。看来，折腾竞争对手，还可以用这一招。从另一个方面看，有人为你发布品牌信息，并不一定是好事。

美国有一家实力强大、有上百年历史的直销公司，2003年前后，网络上的品牌管理失控。稍微有点实力的经销人员就会花钱请人设计一个网站，招募下线经销商。这样的网站，绝大部分制作粗糙，内容简陋，一时间，其品牌形象跟服装业的地摊货一样。或者，是其中国公司内部出了大问题，内容失控不过是一种结果。相反，另一家公司，则严厉打击私自办网站，私自在网上发布产品图片、私自标低价的经销商，不折不扣地维护企业官网的正统性和权威性。现在，前面那家公司已经退出中国。内容失控，是因也好，是果也罢，反正内容很重要，对不对？

在电商、微商"横行"的年代，国内某大保险企业也学会了微商的套路，依托其下辖数十万业务人员，其微商城的功能，也允许业务员进行一些简单的定制再发布出去，保证从这个定制后微店所有的销售、点击都跟定制的业务员有关。这样便能提高他们的积极性，也能做到精准管理，统计营销效果。

第十一节　福星社

深圳有一位老李，他自己使用的是苹果手机，朋友向他咨询买什么型号的苹果手机时，他基于自己的体验和知识，竟然推荐朋友购买华为手机。

笔者的一位朋友老张，因业务关系走进广州一家印度公司内，兴致勃勃地打开京东网页，向该公司的印度职员们推荐联想手机，居然有五六个人真的就买了。

老张、老李并没有因为自己的推荐获得任何利益。当然，老张、老李推荐的时候，是真心实意想向朋友推荐适合对方期望的产品，并没有功利心。

要是他们在推荐的时候，很轻松就能得到回报，会不会更好？多年前，某公司高管郭总曾在一家旅行社买过机票。该旅行社有一项回馈计划：对转发并成交的客户，每卖出一张机票就奖励推荐人（链接转发人）5元钱。郭总觉得这家旅行社服务不错，价格还很有竞争力，便将链接发给公司内部全体人员。于是，他在该旅行社的账户内，不时地能得到一笔一笔的5元奖励。郭总并不会去兑现这奖励。当金额可以购买另一张机票时，郭总便用那些奖励买了机票。于是，很多朋友都听到这个故事，都想去试一试。不过，如果你转发的是郭总生成的那个链接，那么，获得的奖励都归郭总。

现在，技术发展，让这种奖励更加便捷。市场上，新近推出的一项服务叫"福星社"，不但能奖励这种推荐或转发，还能将几个动作分解开来，将不同的转发人区别开来，分别加以奖励。

转发，是一个动作。你转发，你会得到奖励。

浏览，是一个动作。他人浏览，你会得到奖励。

放入购物车，是一个动作。他人将商品放入购物车，你会得到奖励。

购买，是一个动作。他人购买，你会得到奖励。

"福星社"以社交式营销为特色，关注意见领袖的作用，充分地分解营销过程，并在流程中将各级意见领袖的价值以最大化的形式体现出来。

"福星社"会不会是下一匹黑马？如果你的业务并不是类似的互联网业务，不妨跟他们一起的成长！

知识小专题

口碑营销

口碑营销（Word of Mouth Marketing，WOMM）。美国有一个专门的口碑营销协会（Word of Mouth Marketing Association，WOMMA）。2018年1月1日，WOMMA被美国广告协会收购。可见，口碑营销，他们在动真格的，绝不是嘴上的功夫。而且，他们还警告说，发起口碑营销并不是拿钱来收买传播者。在微信中，不允许公众号通过提供奖励的办法来吸引关注，否则，直接封号。根据互联网女皇2018年报告中一项全球调查发现，38%的中国人"非常愿意"将自己的个人信息分享出来以获得交易过程中的一些好处。而全球平均水平只有27%。看来，中国的社交营销基础与众不同。

Lazarsfeld 和 Katz 通过对消费者购买食品和日用品的研究发现，口碑是影响他们购买这些产品的决定性因素，对消费者的影响力是广告的2倍、人工推销的4倍、新闻杂志的7倍。

Johan Arndt（1967）对口碑的定义，是指人与人之间，在非商业的意图下，交流某品牌、产品或者服务的信息。这一定义强调了口碑是口头上的传播。

2016年，美国畅销书《为何事情会疯传》（Contagious：Why Things Catch On），作者 Jonah Berger 分析出隐藏在口碑营销背后的六大动机，并将它们的首字母缩写成 STEPPS。这六大动机是：

1. 社交货币

人们总是喜欢让别人觉得自己聪明、富有、风趣；不喜欢让人觉得自己愚蠢、贫困、乏味。同样，要想让人主动分享一个想法或者话题，就要能够让他看起来更聪明、更有趣、更富有。这种效果，相当于他得到了更多的社交货币。比如某品牌手机上市前，总是样机照片"不慎"外泄。甚至，还有时会放出消息说，泄密的人员被开除。这样的消息会让传播者看起来像个内行。

2. 扳机

所谓的扳机，意味着，人们很容易就想起营销者想传播的话题。人们在聊天的时候，总是会聊他们熟悉的东西。越容易让他们想到，就越容易被谈论到。

3. 情感

我们应该关注的是个人的情感，而不是你自己的服务或者产品的功能。并非总是正面的情绪管用。在有些情况下，负面的情绪比正面的情绪更能促进分享的欲望。

4. 公开

公开可见。越是容易看见的效果，就越会被模仿。也就是说，话题中的效果要显而易见。

5. 实用

有实用的价值。人们总是喜欢帮助他人，让别人省钱，让别人变得更健康。

6. 故事

要把自己的核心理念包装在一个故事里面。所有的人都喜欢讲故事。

斯坦福大学的故事

1884 年的某一天，哈佛大学校长办公外面，来了两位不速之客——一对年迈的老两口。老太太身穿褪了色的方格条纹套装，老先生则穿着一件老旧但却整洁的针织毛衣。

秘书问他们要做什么。老先生回答道:"我们从加利福尼亚来,想见一见校长。"

秘书打量了他们一下,以哈佛大学校长的尊贵身份,跟这两个乡巴佬能有什么好聊的?于是她冷冷地答道:"校长今天很忙。"老太太说:"我们可以等。"

在接下来的几个小时内,秘书不再理睬老两口。她觉得这两个乡巴佬一定会沮丧地自行离开。然而两位老人静静地坐在那里,不急不躁,没有一点要离去的意思。她没办法,只好用内线电话打给校长:"校长,如果您能见一见他们,他们也许很快就走了,不会耽误多少时间。"

校长同意了。老两口走进宽敞、气派的办公室,一副拘谨、手足无措的样子。表情严肃、高贵校长故作谦和地问道:请问我能为你们做些什么?老太太对校长说道:"我们的儿子在哈佛读了一年书,他特别喜爱哈佛,他在这里很开心。但他不幸在一次意外中离开人世。我丈夫和我希望在校园里的某个地方建一座纪念物来怀念他。"

校长觉得这话可气又可笑:"夫人!我们不会为一个在哈佛读过书并死掉的什么人随随便便地就立一块纪念碑的。要是这样,哈佛大学岂不是变成公墓了吗?"

老太太急忙解释:"校长先生,您误会了,我们并不是说要立纪念碑,我们是想给哈佛建一栋楼什么的。"哈佛校长耸了耸肩,反问道:"一栋楼?在哈佛,仅楼房建筑起码就得花 500 万美元(在 2018 年,大致相当于 1.36 亿美元)。"

两个人相互对视,沉默不语。校长听到老太太低声对老先生说:"才 500 万美元?我们为什么不建一所属于我们自己的大学呢?"老先生点点头。于是，在哈佛大学校长困惑的目光注视下，老两口走出办公室。

这老两口就是斯坦福夫妇。1891年他们创办的斯坦福大学正式对外招生。

这个故事自2001年通过邮件疯传，很快全世界人都知道了。但却是一个假故事。斯坦福是铁路大亨，1862~1863年他还担任加州州长。担任过州长的人看起来还像一个没见过世面的农民？实际上，斯坦福先生在独生子患病死后，曾犹豫不决，不知道要建一所大学、博物馆，还是一所技术学校，直接向哈佛大学校长寻求过建议和预算。当时哈佛大学校长查尔斯·艾略特给斯坦福的建议是：花500万美元建一所大学。

已经有人向斯坦福大学求证过，这是一个假故事，始作俑者却不知是何许人也。如果是斯坦福大学营销部门故意为之，那么这就变成一个负面口碑，但很有可能是有人故意编造的。另外，在笔者眼中，这个故事作为一个口碑营销的案例，非常有借鉴价值。但是，传播的故事应该是真实的，使用虚假故事做口碑营销就是在玩火。

第八章

整合的艺术

我知道外面正在下雪。借着快要燃尽的油灯的光亮，我看见南窗外的大雪纷纷坠落，无声、缓慢而坚定。它静静地落在通便庵的屋顶上、池塘边，落在新田的茶垄和果树林中。落在赵锡光坍塌的宅邸里，落在王曼卿早已荒芜的花园中。我知道，此刻飘落在荒寺的雪，也曾落在故乡黄金般的岁月里，落在由山东琅琊来到江南腹地寻找栖息地的那批先民们的身上。

——格非《望春风》

整合，这个词，听得耳朵快起茧子了吧？

阁下荣升事业部总经理，手下 1000 多人，直接向你汇报的下属有 15 人。为什么只有 15 人？因为，根据 MBA 教材总结出来的经验，一位管理人员的直接下属最多不能超过 16 个。否则，你根本管不过来。

年初，你给下属们布置了任务：销售副总，你今年负责给我交上 100 亿元的销售收入；营销副总，你今年负责把本年 10 万元营销经费花出去；HR 副总，你今年负责把工资总额给我砍掉一半……第一个月尾、第一个季度结束、年中……这些时间节点上，你是不是该开个会，总结一下？不错，这个理儿，是个人都懂。

市场部门的老大，把工作布置下去，也会定期检查、检讨。这个理儿，是个人都懂。

懂归懂，有时候，因为各种各样的原因，你并不能如愿。

第一节　销售办事处

1998 年，某省某造纸集团成功地将其生产能力提升到国家打击污染、治理低效产能的基准线之上，由一个小型造纸企业变成一个大型造纸企业，还以蒸煮纸浆需要大量蒸汽为借口上马了一个小型热电厂。多余的电能用不完怎么办？省电网全部高价收购。造纸不赚钱，电厂赚钱，电厂让整个集团赚钱。这就是整合的艺术。这一招真不错。

造纸产能大，要是想办法把销售搞上去，让造纸事业部也赚钱，岂不是更好？于是，集团向全国各省市派驻 30 个销售办事处。有放，就有收。公司责令各办事处的头头，每个月底回公司开销售总结会。有一次，一个办事处拉回来一车暖水瓶。办事处经理说，某报社为一家暖水瓶企业做广告，没收到钱，收到一车暖水瓶。报社实在没钱支付纸张货款，就把这车暖水瓶送给我们，抵扣购纸款。而且，运货的车正好路过我们公司……就这一次，下不为例……这是我们的老客户……于是，下个月，另一个办事处拉回一车苹果，抵补了另一个客户的货款；又有一个月，一个办事处拉回一车面粉……失控！这一次没有整合好。

开展移动营销，满世界地注册账号，相当于向各省派驻销售代表。管理好这些账号，定期检查这些账号发布的内容，统计浏览量，汇总目标人群的反馈消息，就相当于召集外派人员回来开会。谁要是敢不事先请示，就拉回一车暖水瓶，哼哼……

这些账号——或者往大处说——这些信息资产在财务的账簿上，可能并无记载，因此，也不受重视。相关人员离职后，公司找不到也想不起来在微博上开的一个账户。想不起来，也是有原因的。那个账户没有什么用处。于是，陷入一种恶性循环。这也是失控。放出去了，收不回来。

第二节　微入口

通俗地说，微入口是基于手机域名的小网站。因为喜欢手机域名，爱屋及乌，笔者也喜欢这个特别的小网站。

微入口之所以"微"，是因为拿电脑浏览的话，它就是小鼻子小脸儿的，一个小小的网页。

微入口之所以是"入口"，是因为它自创建的第一天起，就没有打算成为另一个自助建站系统，也没有打算取代企业网站的位置。它的明确定位是：成为通向企业网络营销资源的登录网页，就像一个通向一个公园或者景点的入口（见图8-1~图8-3）。

图8-1　四国军棋.手机的微入口

图8-2 华瑞网研.手机的微入口

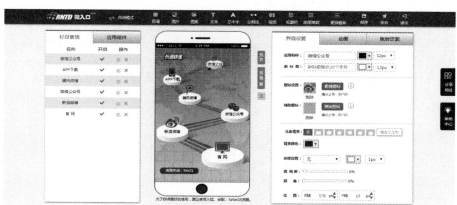

图8-3 微入口的管理后台

不过，微入口的后台功能强大，确实可以迅速建立起一个外观精美、兼容各种规格的终端的网站。为了简便起见，我们可以这样看待微入口：

微入口＝手机域名＋管理后台＋云存储空间

第三节　信息要塞

"……公元前 60 年，郑吉又占领其国（吐鲁番）。郑吉在焉耆南的渠犁建立了一个重要的军营之后，他本人作为塔里木的保护者驻扎在焉耆和库车之间的乌垒，从那里他监视着整个塔里木地区。于是，中国从匈奴手中夺取了对丝绸之路的控制权。"

从《草原帝国》这段描述中，我们可以看到，这是西汉帝国控制丝绸之路的开端。郑吉将军将自己的军事要塞建立在乌垒。

我们也俗套一点儿，把营销比喻成战争。在战争的场景中，在新开拓的疆域上，我们需要再构筑起一个个要塞，以拱卫前出进击的前锋部队，充当一个坚固的、临时的大后方。按照一定的标准，信息要塞由低到高，可以分成五个等级：五类要塞、四类要塞、三类要塞、二类要塞和一类要塞。评价指标及等级说明，如表 8-1 所示。

表 8-1　五类信息要塞对比

评价指标	五类 网店	四类 平台账号	三类 官方网站	二类 手机 App	一类 微入口
是否可以使用品牌名称	是	是	?	是	是
是否可以使用商标名称	是	是	?	是	是
是否可以聚合全网营销内容	否	否	是	是	是
是否可以全网访问	是	否	是	否	是
使用是否方便	是	是	?	是	否
是否兼容、适应所有终端	是	否	?	是	否
发布速度是否够快	30 天	1 天	43 天	50 天	1 天
性价比是否够高	否	是	是	否	是
是否可以发布外部链接	否	否	是	是	是

移动营销中，堪当信息要塞重任的，主要有如下几个候选者：

（1）网店。指的是企业在电商平台开办的网店，是最不牢固的第五类信息要塞。在网店上，你无法做一个链接，为你自己的官网引流。你可以写下链接，但只会成为一段文字，不会成为可以点击的链接。电商平台禁止这种行为，并在技术上做了处理。

（2）平台账号。指企业在某一个平台上注册的账号，如一个博客账号。这是比网店要优越一个等级的第四类信息要塞。

（3）官方网站。指企业自己的官方网站。可以在官方网站上开辟一个专栏实现信息要塞的职能。这是第三类要塞。

（4）品牌自家的手机 App。指企业自己开发的手机 App。这是第二类信息要塞。

（5）微入口。指基于手机域名提供的"手机域名＋后台功能＋云存储空间"的综合服务。被认为是最好的第一类信息要塞。

信息要塞候选者的发布速度是否够快？

一、网店

以天猫官网的"入驻指南"为参考，30 天完成入驻是一个不快不慢的进度。一般的企业申请会遇到很多问题：

有没有企业支付宝账号？没有。那就请你们注册一个。提交一堆资料，等待审核。后来，为了验证这个账号的操控权，还会向企业的银行账号内支付一笔小于 1 元的款项，并要求如数退回。纸质资料邮寄到杭州。这个需要多久时间？开店考试。这个需要多久时间？支付开店保证金之后，还需要等 24 小时才能上传产品。

二、手机 App 的发布时间

手机 App 的发布时间，包括开发 App 的时间和审核时间。据 AppReviewTimes.com 2016 年的报道，苹果审核应用商店中的申请，从之前的 8.8 天，缩短至 1.95 天。开发 App 时间并不会比建设一个网站所需要的时间短。

三、网站上线时间

如今，网站上线前需要向工信部申请 ICP 备案已经成为一个必备的手段，被各家服务商从域名解析、网站空间解析等各个环节认真地执行。建站的业内人士觉得不是事儿的事儿，到了一般的企业那里，不但是件事儿，而且常常还会走很多弯路。比如说，他们一般不会先注册一个域名，而要等找到一家建站服务商之后，听取服务商的建议，或由服务商代为办理。

注册域名、租用网站空间，到提交网站备案，到工信部正式批准，差不多需要一个月的时间。前提是：该公司还得有一位懂得这套流程的人。

一般企业的流程是，在市场上找到几家建站公司，谈需求，比较他们的实力，选定服务商后，注册什么域名、建个什么样的网站、采取哪些宣传手段等一系列问题才能提上讨论的日程。看看下面这张网端备案流程关键路径图，如图 8-4 所示。

这是一张比较典型的时间表，差不多需要 43 个工作日，将近两个月！

从注册手机域名，到启动微入口，差不多当天就可以完成上线。就是这么快。

事件序列	时间	7	7	1	1	1	5	20	1
1	找建站服务商	■							
2	洽谈		■						
3	签订合同			■					
4	注册域名				■				
5	租用空间				■				
6	提交备案					■			
7	拍照上传						■		
8	工信部审核							■	
9	上线								■

图 8-4　网站备案流程关键路径

第四节　微入口是最好的信息要塞

没有比较，就没有伤害。比较之后，我们就会明明白白地知道，"微入口"就是信息要塞的最好选择，是实至名归的一类要塞！笔者不想伤害别人，所以不想讲其他要塞的坏话，只想讲微入口的优点：

一、有一个好记的名字

从宏观上说，对于中国人，最好记的就是汉字名称；从微观上说，企业发出的所有信息中，品牌名称或商标曝光率最高，是最好记的信息；在所有的可用后缀（顶级域）的比较中，跟其他后缀（顶级域）相比，手机域名的优势更加突出。总结一下，最好记的名字，就是用企业品牌名称或商标注册的手机域名，即"华为.手机"这样的名字。

二、显著的品牌特征

这个信息要塞能突出品牌特征。其实上一条已经讨论过，用企业品牌或商标注册的汉字域名，便具有最显著的品牌特征。

三、记录平台列表

应能很方便地记录所入驻的各个平面。这样一个列表，内部人员需要，目标人群也需要。比如一个人使用手机浏览到这么一个地方，记录着品牌的微博地址、微信公众号、今日头条号、百度百家号、腾讯企鹅号、优酷账号等，他觉得访问哪个平台方便，就会点击相应的链接去访问。

四、界面兼容手机、平板电脑和电脑

这么一个信息要塞能在所有的浏览终端中显示出美观的界面。

五、开通方便

如今，因为网站 ICP 备案的缘故，开通一个网站需要近两个月的时间。这样的速度不算方便。当然，企业可以在自家的网站上专门制作一个页面来充当这么一个信息要塞，不需要备案。

六、方便记忆

从寻址的角度看，英文域名、中文域名、手机域名和二维码的方便程度，似乎二维码更胜一筹。我们在电视节目的右下方、在户外广告的角落里、在印刷品上、在名片上都能看到二维码的身影。这些无不体现了人们对二维码的认可。细心的人会发现，二维码的应用，还是有其不方便的地方。

公交车身上的二维码：总会有人拿出手机，想扫码的时候，车已经开走了。

电视机屏幕上的二维码：心念一动，想扫码的时候，画面切换，二维码不见了。不可能一直显示二维码。总会有时间的限制。

户外巨型 LED 屏幕：这种越来越普遍的户外广告载体上，发布二维码根本没用。原因很简单，因受距离的限制，无法扫码。

手机域名，区区几个汉字，普通的品牌，要想记住的话，瞄一眼就能记得住。知名品牌，想忘掉都难。二维码，没有特异功能，肯定记不住。就算能记得住，你真愿意将那个图案手绘出来，再用手机扫描吗？

图8-5　多个二维码导致版面混乱，有限的资源被滥用，用户看着头晕眼花（一）

图8-6　多个二维码导致版面混乱，有限的资源被滥用，用户看着头晕眼花（二）

图 8-7

图 8-8

　　有的人真的去搜索，居然搜到竞争对手的广告。拥有独特关键字的知名品牌尚且如此，小品牌的情况或者非独特关键字，这种情况完全可以被竞争对手利用。百度、搜狗、360搜索，每家每天提交的关键字广告条目，笔者相信他们根本审核不过来。

　　你的品牌叫"莫斯利安"，我故意弄一个产品叫"莫斯利安全牛奶"，再发布关键字叫"莫斯利安睡眠牛奶"的广告，很可能就会出现在搜索"莫斯利安"的结果中。人工审核恐怕也看不出什么毛病来。国际知名的奶粉"美赞臣"，有一个产品叫"美赞臣"安婴儿奶粉。记得是在2001年左右，国内有一家公司注册了"美赞臣安"品牌，还推出了一种婴儿奶粉。印在包装上就是"美赞臣安婴儿奶粉"。当然，这个高度近似品牌上了新闻，被取缔。

有人可能会说，既然如此，手机域名、中文域名都会存在同样的问题。那我们来看一看：

http：//美赞臣.手机

http：//美赞臣安.手机

http：//美赞臣安婴儿.手机

http：//美赞臣安婴儿奶粉.手机

可能消费者根本就记不住"美赞臣安"。不过，按照阿里巴巴、小米、IBM 的脾气，肯定自己都注册下来，不给坏人钻空子的机会。要是按照微软的脾气，肯定会派律师跟高仿者打官司。

第九章

三步突击总动员

　　山势多半是平缓的，只有地衣和矮棵的几种叫不出名字的植物是标志季节变化的自然色彩。平缓的山坡覆满地衣。每当六月份地衣开始泛绿，山也就变成一派青翠。过了十月地衣重又变得褐黄，山又恢复了它本来的颜色。谷地是碱土，既然是碱土作物就不能愉快地生长，所以小片草地是不能养活大群牲畜的。

——马原《冈底斯的诱惑》

在第五章至第八章，为在当下的移动营销语境下找到有效利用三大基本特征的方法，我们总结出营销的三大任务，即入驻多平台、注册好名字、开展社交营销，并对三大任务的具体内容一一进行分析，列举了成功的做法和失败的教训，并用一章的篇幅讲述如何对"分头出击"之后的营销进行整合或统筹。然而，这些都是知识和经验的范畴。真正要行动起来，我们有必要从思想上对自己进行一次动员和观念的梳理。

任何营销都将服务于人，任何营销行动的开展也将以人为核心。所以组建一个理念一致、行动上相互配合的团队，是第一要务。其后，高效地、有创意地执行各项任务，也是成功的重要保障。这条前人走路的小道，哪里可以径直穿越，避开弯路？还需要勇气和创新。

第一节 团 队

中小企业内，一般会设定一个叫"网管"的职位，招聘一名懂得管理局域网，又懂一些互联网的人。走马上任后，要为公司挑选一家网站服务商。这时候，他会运用他在上一家互联网公司的经验，为老板省钱。他知道，建站公司没活干的时候，多少钱的单子都愿意接。于是，一个网站服务的工作，几家公司来争，把几家报上来的功能合并到一起，要报价最低的那家公司做。一个网站，300元搞定。付款嘛，也很大方，一次付50%，自己上门领款。由于路途遥远，收第二笔款150元时，建站那一方感觉到自己没有受到尊重，坚决不上门，并且把网站删掉。还放出话来：要么先付尾款150元再上线，要么150元不要了。网站你们也别想要。建站那一方抱着同归于尽的信念，你还能赢？那就电子支付付尾款吧。上线后，老板要责令网管发布网站内容。最后，一家游戏机公司的网站，整得跟个B2B垂直门户网站一样。不过，50多种产品，都只有一张图片和一个产品名称。这是发生在2009年的一个真实的故事。这名网管的出发点是好的，但观念错误。

有一家生意很不错的杂志社，招聘了十几个人自己建设网站。十年间，整个团队及网站花掉3000多万元，却一直没有找到能挣钱的感觉，而且还很慢。2007年，他请一位朋友看他的网站，才发现网站编辑发布的新闻"小"图片，个个都有8M之巨。网页的设计师能不知道网页图片的要求吗？这只能说明，这个团队成员之间，彼此并不沟通，也不相互检查工作成果。

广州有一家上市公司的物业管理公司招标建设网站。招标流程特别正规，不但发布了一份简陋的招标文件，还要求参与投标的企业必须提供 5000 元投标保证金。参加投标的公司发现，物业公司真的把 5000 元划走了。最后中标价是 1.3 万元，交给了一个关系户。穷折腾一番，做了一个很平庸的网站，最后也是无人打理，成了摆设。这个团队，生搬硬套，把力气用错了地方。

规范的公司，网站的事情都由市场部门管理，只是签订合同的时候，请 IT 部门把关，不犯低级错误即可。做市场不是要省钱，而是按照预算花钱，达成预定的目标。做网站是营销部门的事情，不要全权托付给 IT 部门，这是常识。

美国的咨询公司内，不少咨询顾问都是商学院的毕业生。有人质疑，咨询顾问你老人家根本就没有什么工作经验，如何能指挥我们这些资深的经理人？年轻的咨询顾问会告诉质疑者：有的工作经验是糟粕，有的工作经验是保守，有的工作经验是偷懒……你需要注重方法，注重商业逻辑，再加上那么一点点理想主义和激情，就能做得更好。这个逻辑，也适用于招聘网络营销的人员。

笔者的一位朋友，在某生产汽车电子产品的公司任网络营销事业部总经理，负责网络销售。公司线下采用传统的代理制，也成立了一个事业部，由另一名总经理负责。线下总经理经常拉扯着这位到董事长面前去评理，并当面指责：你们在网店里把产品卖得那么便宜，我们的经销商意见很大。线下总经理的底气很足，因为他的销售额有几亿元，是线上销售额的 10 倍。线上总经理的底气也很足，因为线上业务收入贡献公司 60% 的利润。天天吵架，董事长不胜其烦，但似乎又无可奈何。

知识、经验和处理问题的能力，哪个重要？不能一刀切。

第二节 天下功夫 唯快不破

天下功夫，无坚不摧，唯快不破。

李小龙利用快，创造了简单、直接、攻击性极强的截拳道。他24岁那年参加美国福克斯电影的面试那一段没有特效的视频流出，让我们一睹这位传奇人物矫健的身手和武术哲学。是他的快，将"Kongfu"一词写进英语词典；是他的快，弘扬了中国武术的博大精深；是他的快，借助电影这种艺术形式，为中国武术乃至中华民族赢得世界的尊敬。

快或慢，是相对的。

我们只要能比竞争对手快一点就好。这个道理，我们都懂，具体到执行中，我们似乎并没有想透如何才能快人一步。

一个个平台，就是我们与竞争对手比试速度的赛场。优质的传播平台，推向接收终端的速度快、效率高；优秀的营销人，审时度势，创造高效的"加速器"加速信息传播，将妨碍传播的"噪声"降到最低（见图9-1）。

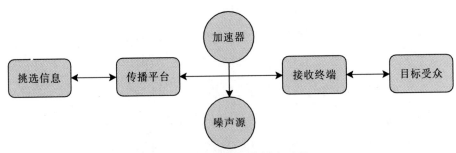

图9-1 营销信息传播全过程

在一个有效的平台上，竞争对手可能比我们来得早，抢先占了先机；

也可能比我们来得晚，给我们留下一个时间窗口。有进取心的营销人，在两种情况下，都有办法应对。处置得当，便是快营销。

一、后起直追

在田径比赛中，潜在的夺冠者往往不会在一开始直接领先。毕竟，"破风"会消耗很多体力，紧紧跟随的人则会省劲——前提是你能跑得上。云计算领域，也不例外。正如有人分析的那样，云计算中如日中天的 Docker 容器，怎么就跑到了 OpenVZ 和 Linux LXC 前面，赢得市场的青睐？因为，Docker 出现的时机很好。2013 年，基于操作系统内核的重型虚拟化技术已经成熟，业界自然而然地把目光投向更加轻便的容器技术。性能优异的 Docker 正好就出现在人们的视野中。如今，在很多人眼里，云计算就是 Kubernetes + Docker！

具体到某一个平台的营销争斗，如果细心分析，竞争对手跌跤的坑，我们可以避免；竞争对手做对的事情，我们可以效仿甚至做得更好；竞争对手在前，我们亦步亦趋，紧紧跟随，看准时机，在恰当的那一刻超越对手。后起直追，后发先至，拼的就是速度！

入驻平台，寻找竞争目标，拼速度。

二、步步领先

如果我们在一个平台上已经建立了营销优势，竞争对手还没有来，那么，我们一是对这种优势要低调宣传，二是真有竞争者现身的话，要认真观察他们，不要陷入迷思，把一时的领先当成是自己营销水平的高明，进而以为自己什么都是对的，竞争对手"连呼吸都是错的"。

某年，一位计算机周边设备制造商的总经理受邀对一群 MBA 学员演讲时说，他们的成功主要有三大原因……其一是产品广告特别有创意：

为了表现键盘的手感好，设计了一个撕开一半的巧克力包装纸，露出来的不是巧克力，而是我们的键盘……

据一位在场的朋友回忆说，其实，他们的产品质量还行，价格特别便宜。那位总经理提到的广告，我们压根就没有见过。

那位老总要么是想迷惑竞争对手，把人家往坑里引；要么就是当局者迷，总结出错误的成功的经验。

重视竞争对手的行动，并有针对性地采取应对措施。否则，不但不能保持先发优势，还会像我们前面所说的竞争对手那样，被人超越。

新的平台如拼多多、趣头条；新的工具如手机域名、福星社；新的形式如小视频；新的通道如社交媒体上的意见领袖……都是我们保持先机的好选择，快速行动，突入市场竞争的丛林，闯出一条新路！

为应对移动营销时代的三大碎片化的基本特征，笔者认为，企业的营销也可以归结为简单易行的三大步骤：

第一步：多平台入驻；

第二步：注册好名字，打造好名声；

第三步：开展社交式营销。

我们在前面的章节已经详细探讨这三大步骤的内容、关系，及其背后的驱动因素。在这里 我们主要讲一讲执行，讲如何展开行动。另外，我们还要注意到，这三个步骤之间并没有严格的先后关系，完全可以交叉或同步进行。

第三节　第一步：多平台入驻

现实要求，企业或品牌需要多多地入驻各营销平台，或者你已经入驻了其中的一个或几个。本书的附录"平台列表"中，有一个平台的不完全列表，供读者参考。

入门问禁。注册平台，就要遵守平台的规则，就必须经历一个学习过程。在此，我们以电商平台为例，分析入驻的过程。

电商平台是大家口头上的一个称呼。在笔者看来，天猫、淘宝、京东、当当、苏宁、国美在线、拼多多、云集都是电商平台。中小企业们都可以向这些网站申请入驻，获得批准后把自己的产品上传，即可以向全国人销售产品了。有些公司产品不多，业务简单，不愿意建设自己的网站，直接用电商平台的网店充当官方网站。

关于电商平台最常见的误区是：认为自己不懂，一定要找个懂行的人来操作。有些经验固然好，没有经验，自己根本就不去查看，对招聘的网店人员完全放权，肯定会出问题。最简单的方法就是打开那个电商平台，查看网站底部"商家入驻"之类的栏目，你肯定会找到你想知道的内容。

曾经有一家企业，将自己的天猫旗舰店委托给一家代理商打理，并且给予最优惠的进货价格。那家代理商很努力，甚至将销售额、销售数量做到品类第一名。直到有一天，企业一位细心的员工发现那家代理商在线销售的产品中，居然有一种企业从来没有生产过的型号——经查证是找他人代工的、假冒该企业产品的"李鬼"。

如今的电商平台跟线下的大卖场差不多，提供综合的营销服务，并相应地向入驻商家收取各种费用。主要有如下几种：

（1）保证金。这部分钱可以退还的。

（2）平台使用年费。这部分每年收取，相当于线下卖场的柜台租金。

（3）促销费。每逢节日，平台要搞促销，会制作专门的促销页。愿意参加的商家肯定要交纳一定的费用，并且还要在销售上予以配合。比如说满 500 送 50 之类的折扣。当然，不参加就不用交。

（4）广告费。电商平台也开发了类似于搜索引擎的关键字广告系统，也是按照点击收费的。热门的关键字，点击一下收十元、八元不算是什么稀罕事。除此之外，还有 Banner 广告。当然，入驻之后，可以详细地了解其规则。毕竟，各个平台的收费费率、服务流程、营销效果各不相同。

有的平台在你提现的时候，还会按照比例收取提现费。为国家代收税款的，肯定少不了。

如果你不想亲自查阅这些信息，可以要求运营人员将平台的主要政策、收费标准、推广方式等写成报告，一来自己有所了解，二来也培养一下运营人员的系统思维和全局观念。在天猫开店，还要参加一个简短的在线考试，大概也是这个意思。

总之，入驻平台大都有一个过程：

（1）了解规则；

（2）注册；

（3）规划本企业针对该平台的目的、目标，效果考量指标、例行作业任务等；

（4）制作内容；

（5）发布、监测效果、调整。

第四节　第二步：注册好名字　打造好名声

一、好名字

名字，对营销来说，意味着：

（1）商标名称；

（2）公司名称；

（3）产品名称；

（4）产品系列名称，如奇瑞汽车的瑞虎系列；

（5）营销活动名称，如支付宝的集五福活动；

（6）忠实粉丝群体的名称，如华为的花粉、苹果的果粉；

（7）应用技术名称，特别是为了宣传的需要取的技术名称，如小米的万能遥控。

网站的域名，手机域名有了，还需要向国内客户展示长长的，由英语字母、数字和拼音混合在一起的不知所云的域名吗？看看下面的两个网址：

http：//四国军棋.手机；

http：//永泰隆.手机。

没有商标，可以从中国国家商标网上查询。

网址：http：//sbj.saic.gov.cn/sbcx。

没有手机域名，可以向华瑞网研或其代理注册商申请。

网址：http：//注册局.手机。

二、好内容

打造好名声，我们还需要注重内容的质量，但绝对不要忽略制作内容的成本。小到十页、八页的企业网站，大到多达数千页的集团网站，内容管理都是一个不容小觑的隐性成本。

曾经有人认为，行业门户网站很简单，"找几个会打字的小姑娘"，多发布点内容就好。"会打字的小姑娘"的工资一个月2000元；10个"会打字的小姑娘"的工资一个月总计2万元；10年也不过50万元。10年后网站就成了一个鼎鼎大名的 B2B 网站。50 万元投资，就变成 5 亿元，简直一本万利。2000 年，广东中山就有这么一家公司，招聘了 10 位"会打字的小姑娘"，委托一家公司开发了一个全部动态发布内容的网站。后来他们发现，"小姑娘"的效率很低；他们还发现，免费帮别的公司录入产品信息，别人还不买账；他们还发现，网站的功能不太好用……再后来，他们就关门了。

深圳有家公司真正是品牌经营，有专职的文案人员，有专职的设计师。网站委托外包公司完成后，由文案人员和设计师负责网站的内容发布；售后服务部门负责网站的售后咨询。一位文案，一般的工资水平，税后 6000 元/月，税前年薪近 10 万元。一年写出不到 50 篇原创新闻。算下来，平均一篇文章 2000 元，就是这么贵，外包人员还真做不来。但是，这家公司的网站、公众号，以及发布到行业门户网站上的新闻，看上去就是那么有料，就是那么有范儿。

一个大药房曾经要求他们的建站服务商为他们发布产品信息。工作内容涉及大约 1 万种药品、保健品。机智的建站服务商报价 10 万元。大药房总经理吓了一大跳，追问为何报价这么离谱？建站公司说，不离谱啊，一个产品才收 10 元。而且，一个产品要录入文字、校对、拍照、处理图片，10 分钟不一定够用。就算一个产品 10 分钟能完成，1 万个产品就是 10 万分钟，就是 1666 分钟，就是 42 个星期，就相当于一年。一个人一年之中，一天 8 小时，一刻不停，才能完成这个工作。但是，人不是机器……幸好，大药房打消了这个念头。

三、公众号

微信这么火爆，做移动营销肯定要向腾讯申请一个公众号。公众号分两种：个人号和企业号。企业号又分两种：订阅号和服务号。

订阅号一天可以向订阅者群发一条消息。服务号一个星期才能群发一条。于是，很多企业申请了订阅号。这是典型的贪心、眼高手低的行为。试问，有几家企业可以做到每天群发一条消息？又有几家企业能坚持一个星期发布一条消息？

抄袭别人的文章，抄袭与自己的业务没有一丁点儿关系的文章，就算目标人群爱看又有什么用？况且，有一些公众号抄袭来的文章，会在不经意间成为谣言的帮凶。

当然，更多的公众号，长时间无人打理，形同虚设。

还有一些老板，给几百元钱的预算，就要一名员工负责公众号，要求那名员工订阅达到多少万人，阅读量达到多少万次。给 500 元预算，还要求阅读量 10W+，太离谱。其实，这些数字造假很容易。花几百元就有人能帮忙造出假数据来。可是，这又何苦呢？

四、网站

时至今日，有的公司放弃网站，不要了；有的公司等到有客户问你们的网站怎么打不开了，才想起来没有为域名和虚拟主机续费；有的公司，倒是没有忘记给网站续费，只是网站上最新一条新闻还是五年前的；有的公司，为了兼顾手机用户，竟然又开发一个手机版的网站。中文版、英文版，再加上手机版，四个版本，一条内容，要发布四遍，把自己人折腾得够呛；有的公司，感觉网站效果不好，再找一家服务商来重新设计一个网站。年年改版，年年花钱，内容越改越少，越改越没信心……

还有人这样想：不是移动营销时代吗？网站咱不要了，直接做一个App——等等，这个手机软件能提供什么服务，能吸引用户安装？手机的操作系统升级很快。你的 App 可不会一劳永逸，还得要跟上安卓、iOS 的更新步伐，不断地更新，不断地纠正错误。这些都要花钱，花时间。

总的来说，从好名字到好名声，是一个系统的过程：

（1）注册好名字，特别要发现跟自己品牌同名的手机域名是否可以注册。

（2）切合所入驻的平台的特点，制作相应精品内容。可内部制作，可适度外包。

（3）内部、外部降噪，发布内容。

（4）监测、评估、调整。

第五节　第三步：开展社交式营销

这里有一个坏消息：移动营销时代的推广，包括线上、线下推广，还得做！

借助各平台开展社交式营销，在前文我们已经详细进行过讲解，这里不再重复。我们来看一看，社交营销背景的推广如何开展。

确定一个年度的行动计划，从人力配备、营销规划、里程碑日期等入手，拿出一个具体的行动方案。这自然不必说，各位营销人在上级的压力下，在市场的压力下，肯定会严阵以待，绝不含糊。

我们可能会含糊的是：忽略了线上、线下的相互引流。为什么要相互？似乎大家都知道。但是，有的企业内部，线下、线上的销售分别由两个部门负责。由于考核业绩，还导致两个部门是竞争关系。相互引流？没门。如果你的企业存在这种情况，是否需要整改？

一、将线下的资源引到线上

我们希望我们的客户会到线上去了解我们。为什么？

（1）即将擦肩而过的客户真的想了解我们的服务。

（2）线下了解的时间太短暂，内容不丰富。

（3）你不占用客户了解信息的时段，竞争对手就会占据。然后，就没有你的然后了。

（4）有在线活动正在开展。

（5）我们希望自动地获取他们的身份信息，如所在地域、性别、年龄、个性化的需求，甚至是姓名、手机号码等联系方式……不借助在线程序，很难批量地采集这些信息。

（6）我们希望与客户保持联系。

（7）我们希望需要向客户批量推送信息时，有一个名单和联系方式。

……

总之，我们有很多理由将线下资源引到线上。有的读者会认为，自己的公司太小，没有线下的宣传资源。不会，你的公司肯定有线下的宣传资源，如下：

（1）名片；

（2）产品单页；

（3）产品画册；

（4）产品包装；

（5）产品；

（6）展位；

（7）运输车辆；

（8）传统的广告位置如户外广告牌、车身广告、杂志文章、电视广告；

（9）广告衫；

（10）广告小礼品。

最"小而微"的公司，恐怕还会有一盒名片吧？名片上印什么？印二维码，公司英文网址，或者是公众号二维码，还是手机域名？线下利用一切可以利用的资源，宣传线上的网址。但这些网址很多，而且大家最常见的是使用公众号等的二维码，印到名片上。这时候就需要做一个选择。印很多个二维码肯定不好。印刷一个二维码已经足够了。如果你也印刷一个手机网址，使用手机域名，不要二维码，就会识别记忆传播，仔细想一想以下场景：

（1）户外 LED 广告屏幕上，展示二维码，太远且精度不够，扫不到；

（2）户外 LED 广告屏幕上，展示二维码，一闪即可，扫不着；

（3）公交车身上，展示二维码，被挡住了，扫不到；

（4）公交车身上，展示二维码，刚想扫，车跑了，扫不到；

（5）电视屏幕上，太小太模糊，不太容易扫；

（6）电视屏幕上，展示大大的二维码，也是一闪即逝，不太容易扫。

印在宣传品、名片上，由于没有中间相互导通的聚合网页，需要印好几个二维码，黑压压一堆，不仅难看，还令人困扰，因此降低了人们扫码的欲望。

有一位老板，拿到张洪亮的名片，交代公司员工小李去浏览一下名片上的网页，下面这两个版本的名片（见图 9-2、图 9-3），哪一种更方便呢？

图 9-2 写着手机域名的名片

图 9-3　印着二维码的名片

对比两张名片，图 9-2 中在浏览器中输入手机域名固然有点困难，但适合传播、便于传播，尤其便于向另外一个人传播：

（1）语音：小李，你到这个"华瑞网研点手机"上去看一看；

（2）微信：小李，你看看这个网址：华瑞网研.手机；

（3）http：// 华瑞网研.手机，这个网址，你去看一看；

（4）浏览之后，直接将网页转发给小李。

而图 9-3 中二维码代表的网址，你要是不得不发给别人的话，你需要：

（1）拍一张照片，通过微信发给小李。可惜小李无法"长按图片识别其中的二维码"，因为上面有好几个二维码。

（2）自己浏览之后，直接将网页转发给小李。

二、传播公式

线下向线上引流的过程中，要想引发传播效应，信息必须符合一个传播公式：

识别 + 记忆 = 传播

这个过程是这样的：一个人见到一个品牌名字时，瞬间在大脑的记忆数据库里搜索，找到相关品牌的记录后，想起来跟这个品牌相关的事情。找到了就相当于识别出来。如果大脑里没有记录，那就把这个信息存进去。人的大脑是否要保存新品牌，需要刺激条件；能保存多久，需要看刺激的程度如何；或者，一个品牌多次刺激大脑，则容易持久记忆。只要进行到这一步，才可能会有二次传播。

例如：昨天，我看到有一个某某牌子的鞋子，款式很好看，只是价格有点小贵。听到这话的人可能不觉得贵，或者小贵就小贵呗，买！或者，第二个人对第三个人说，那个谁谁谁，那么高工资，一双 300 元的某某牌子的鞋都舍不得买，真不知道挣钱是为了做什么！每时每刻，传播就在这样的闲言碎语里进行着。

三、线上向线下引流

另外一些时候，我们则需要将线上的用户或潜在客户引向线下。如饭店、酒店餐饮等需要到场消费的服务，或者有线下销售的门店，则需要向线下引流。同样，检阅一下我们的线上资源，可能会包括以下条目：

（1）网站。

（2）专门的博客。穷得如各大文学出版社，有多少不是栖身于新浪微博或新浪博客的？我们的企业，再不济，也可以这样。

（3）公众号等自媒体。

（4）博客。

（5）微博。

（6）今日头条号。

（7）百家号。

（8）企鹅号。

（9）在线软新闻。

（10）微入口，这个聚合在线资源的服务，你值得拥有。

四、关键字广告

在互联网上投放的搜索引擎广告，在电商平台上发布的关键字广告，效果如何，是否有监测？有一家公司面向国际客户提供模具加工服务，于是需要在 Google.com 投放关键字广告。自己明明有一批懂英文的员工不用，非要把这个广告投放业务外包给一家网络公司。我们都知道，Google.com 没有代理商，所以，那家公司只能虚报投放金额赚取服务费。模具公司老板每个月要花 2 万多元，心里犯嘀咕，却又不敢换掉那家外包服务公司。

不管是百度，还是谷歌，提供的服务都会尽量做得简洁明了，让客户看得懂。指派一个人认真地研究一下，就会弄明白的事情，可以不假他人之手。更重要的是，自己能认真分析每个关键词效果的好坏，及时调整，达到最佳广告效果。

网站自己也要开通流量监测功能，做到心里有数。多年的数据还有助于决策。

五、免费资源

做网络营销，做移动营销，免费资源一直都存在。

有几家公司会把免费资源的账号统一管理起来，有几家公司会把免费资源的内容统一管理起来，有几家公司会认真地为免费账号发布内容，有几家公司会分派人手定期查看免费资源的反馈情况？

又有多少家公司把员工的朋友圈当成免费资源，强行"征用"，结果没有拉到客户，还培养了一批不开心、不忠诚、一有机会就跳槽的员工？

总结第三步，要做的事情是：

（1）线下推广，向线上引流。

（2）线上推广，向线下引流。

（3）开展社交式营销。

天光微明，一声嘹亮的号角声划破清晨的静寂，惊起睡意，睁开惺忪的睡眼；移动营销的原野里，各大平台奇峰叠嶂，山高水急。没有任何仪式，没有任何宣言，装备不一的探险家们，已经在这片新奇的原野里开始了他们人生的征程。也有重型装备的集团军，依仗人数众多，装备精良，轰轰烈烈地劈山架桥，圈占领地。

入驻平台、注册名字、开展社交营销像三座灯塔，在这片新大陆的丛林、急流和山涧中标识出一条若隐若现、通向那汇聚着成功和财富的顶峰的幽径，等待着企业人们去探索。雄关漫道真如铁，而今迈步从头越。一万年太久，只争朝夕！勇于探索的企业人，召集你的队伍，带齐装备，向着移动营销的财富峰峦，即刻出发吧！

| 第十章 |

趋势观察

　　小宇宙中响起一阵低沉的轰鸣声，这是空气涌进门时发出的。在彩虹下面，雪白的云雾在门的附近形成一个大漩涡，像从太空中看到的地球上的台风。然后，漩涡变成一股龙卷风。发出的声音也变成尖啸。漂浮的水球被纷纷吸进湍急的龙卷风，撕碎后消失在门里。空中漂浮的无数小物体也都被龙卷风吞噬。太阳、房子和飞船等大物体都向门的方向飘去。

——刘慈欣《三体》

第一节　跨　界

2006 年，360 安全卫士发布，号称永久免费，专门查杀电脑上的流氓软件、木马和病毒。如此一来，杀毒界的厂商如卡巴斯基、江民杀毒软件、金山毒霸、美国的 McAfee 等一下丢失了好大一块市场。谁动了杀毒软件厂商的奶酪？一个不靠销售杀毒软件赚钱的互联网公司动了杀毒软件厂商的奶酪。这就是跨界竞争。

早在 1988 年，笔者还在读高中的时候，看到杂志上的广告，说有一种叫"伊面"的东西，倒进开水泡一泡，就非常美味可口。当时对那种面，非常向往。没多久，就在学校的小吃店里吃到那种跟"伊面"相同的东西——方便面。放一把切成段的韭菜，最好还有切成圆片片的火腿肠。几年后读大学，在大学宿舍里，简单地用开水冲泡出来的方便面比学校食堂的饭菜不知道好出多少倍。方便面在中国的销量一路攀升，在中国连续 18 年快速增长。"根据世界方便面协会（WINA）（想不到，方便面也有组织）的数据，2013~2016 年，中国市场的方便面销量连续四年下滑，从每年 462 亿份直接滑到了 385 亿份，少了整整 77 亿份。"很多人将方便面"断崖式的暴跌"的原因归结为外卖业的火爆。

根据艾媒咨询发布的《2017 上半年中国在线餐饮外卖行业研究报告》数据显示，2016 年中国在线餐饮外卖用户规模达到 2.56 亿人，相比 2015 年增长 22.5%；2017 年、2018 年在线餐饮外卖用户规模预计分别将达到 3.01 亿人和 3.46 亿人，增长率逐步降低；2017 年市场规模预计将达到 2045.6 亿元。要是没有方便、快捷的外卖服务，这 2000 多亿元中有多少要用于消费方便面？中国的高铁站内，餐饮业的档次、质量、口味都有质的飞跃。火车站从硬件设施到软件的管理，完全实现了升级，不再是脏乱差的代名词。如今，从广州乘坐高铁，可以订长沙、武汉的外卖，到站就送到车上。在车上，旅客们吃的食物，不但方便面少了，盒饭肯定也少了。方便面业面临的，是何等规模的跨界竞争？

最显而易见的，智能手机的问世，打开了潘多拉的盒子，在消费者的欢呼声中，多少行业迎来了跨界竞争的噩梦？传统报纸杂志被掌上阅读重创，网络小说的主要读者是中学生，每年翻阅出一个百亿元的市场。手机电话的语音通话时间会不会暴跌？手机短信的发送量会不会暴跌？多少家庭的座机电话成了摆设？

出生于 1971 年的、具有浓厚传奇色彩的埃隆·马斯克（Elon Musk）毕业时获得经济学、物理学双学位。就是在这种知识背影下，他的投资领域让人眼花缭乱。

2018 年，他以 198 亿美元的身价位居《福布斯》富豪榜第 46 名。

（1）他创办过一个名叫 Zip2 的公司，1999 年以 4.3 亿美元卖给 Compaq。

（2）创办过一个名叫 x.com 的在线支付即后来的 PayPal，2002 年以 15 亿美元卖给 eBay。

（3）2002 年，他创办了 SpaceX，开展航空航天业务，于 2018 年 2 月发射了一枚人类最大运载能力的"重型猎鹰"火箭，其近地轨道运载能力达 63.8 吨，地球同步轨道运载能力为 26.7 吨。

（4）2003 年，入主特斯拉并出任董事长。该公司在新能源汽车、无人驾驶汽车领域风头正劲，俨然一副领导者的风范。

（5）2015 年，创办 OpenAI，进行人工智能研究。

（6）2016 年，创办 Neuralink，进行"脑机界面"技术的研发。2016 年 12 月，又创办一家基建隧道公司。2018 年 7 月 24 日，新华社一篇新闻报道说贵州铜仁跟美国一家公司共同出资修建超级高铁的消息一出，大家顺理成章地以为是马斯克的项目。

2006 年，以 B2C 业务崛起的亚马逊将自己管理服务器集群的经验变成一种服务，进军云服务市场，推出 AWS 公有云服务，获得空前的成功，成长为世界第一大的云计算服务商。谷歌、IBM 和微软也只能紧紧跟随，却难以超越。2018 年，亚马逊的市值一度突破 1 万亿美元，成为继苹果之后，全球第二家市值过万亿美元的企业。要是跟 2017 年世界各国的 GDP 放在一起排名，可以排在第 17 名，介于印度尼西亚与土耳其之间。

阿里进军云服务市场！

经营手机发家的小米要进军空调市场和房地产。

2018 年 11 月 2 日，将要管理苹果中国用户数据的"云上贵州"运营公司成立，茅台酒投资 4.5 亿元占比 26.47% 成为第二大股东。这也是一个跨界的故事。

第二节　国际化

可能你还不知道，中国的一批手机 App 已经成功打入东南亚市场，悄无声息地踏上国际化的道路。这些国际化行动，跟联想收购 IBM 个人电脑业务，布局全球市场的大鸣大放搞国际投资活动，有明显的不同。

东南亚地区共有 11 个国家：越南、老挝、柬埔寨、泰国、缅甸、马来西亚、新加坡、印度尼西亚、文莱、菲律宾、东帝汶，总的土地面积约 457 万平方千米，人口 6.25 亿，面积、人口差不多都是中国的一半。这个地区，电商零售总额只占整个社会零售总额的 1%，被认为是互联网发展的潜在巨型市场。

根据一系列的新闻报道，笔者注意到中国的一些手机应用，目前在东南亚市场上，有着不俗的表现和业绩。恐怕其中最主要的原因，是华为、小米、OPPO、VIVO 等中国品牌手机在国际市场上的惊艳表演所致。

据白鲸社区报道，国内某上市公司发行的直播 APP It's Me 上线不足两个月，便在泰国 iOS 畅销榜上排名上升至 15 名，居总榜第五位、娱乐类畅销榜榜首。另外，YY 欢聚时代旗下的 Bigo Live、深圳云游四海信息科技有限公司的 Hallostar 以及 Garena 旗下的 TalkTalk，也都表现突出。

另据 07073 游戏网数据，2018 年东南亚第一季度 App 市场表现如表 10-1 所示。

表 10-1 中，Messenger 是 Facebook 的社交工具。而 Shopee 是东南亚正在崛起的电商平台，茄子快传的英文名字是 SHAREit。

表 10-1 市场表现

国家	第 1 名	第 2 名	第 3 名	第 4 名	第 5 名
印度尼西亚	Facebook	UC	WhatsApp	Messenger	茄子快传
马来西亚	Facebook	WhatsApp	Messenger	Shopee	Instagram
新加坡	ofo	摩拜单车	Messenger	Facebook	WhatsApp
泰国	Messenger	Line	Facebook	Tik Tok 抖音	Shopee
越南	Messenger	Zalo	Zing MP3	Facebook	Shopee
菲律宾	Messenger	茄子快传	Facebook	Shopee	Instagram

资料来源：http：//chanye.07073.com/guowai/1757351.html.

2015 年，腾讯投资的 JOOX 在马来西亚、印度尼西亚、泰国上线，提供推送本地化内容、社交功能、卡拉 OK 录制等功能及服务，抢占了东南亚移动音乐市场半壁江山。App Annie 及麦肯锡最新数据都显示，JOOX 在东南亚音乐类的市场份额最大。腾讯在音乐领域接连出手，2017 年，腾讯投资 5400 万美元打造美国版"全民 K 歌"应用程序 Smule。2018 年，腾讯又投资 1.15 亿美元领投印度音乐流媒体服务 Gaana。

支付宝在东南亚支付市场已经进入了 8 个国家，并获得近 300 个机构的合作支持。2018 年 10 月 5 日，腾讯与私募基金 KKR 一道，斥资 1.75 亿美元收购菲律宾一家电子支付公司少数股份。腾讯与阿里争夺支付市场的争斗，从国内到国外，已经在全球范围内拉开序幕。在中国香港，两家为争夺菲律宾家政服务人员提供免费汇款服务的机会，"大打出手"。

东南亚移动营销市场，可以分成四个等级：第一等级为成熟市场如新加坡；第二等级为稳定市场，持续慢速增长如印度尼西亚、菲律宾、泰国、马来西亚；第三等级的如越南，是新兴市场，增长特别快；第四等级是欠发达市场，如柬埔寨、缅甸、文莱、老挝、东帝汶等。

新加坡人投资的 Shopee 在线电商平台网站，定位于东南亚市场，2017 年 GMV（Gross Merchandise Volume，即总订单金额，包括取消订单、拒收、退货、刷单等）达到 41 亿美元，在中国深圳、上海设有办公室。这样的平台会不会是我们的产品或营销的载体？

根据 Counterpoint 数据，全球 2018 年第二季度智能手机销售额排行榜：

（1）三星，20%；

（2）华为，15%；

（3）苹果，11%；

（4）小米，9%；

（5）OPPO，8%；

（6）VIVO，7%；

（7）LG，3%。

已经走出国门，征战全球的中国品牌，以及中国的"一带一路"倡议都可能会给我们的成长提供新机会。

第三节　人　口

人只有一次生命，每个人都会变老。江山代有人才出，各领风骚十来年。

如今，曾经新锐、鲜嫩的 80 后变成了"大叔""大妈"。90 后已经毕业了一大批，最老的一批度过好几年的职场"黑蘑菇期"，跟他们的父辈在同样的年纪里所做的一样——收获了三五年工作经验，开始变得成熟。00 后也开始走入职场，开始体验前辈们"当牛做马"的现实人生。

是谁在穿破了洞的衣服？是谁脚下踩着电动滑板、平衡车在街头飞奔？是谁在手机上运行着 QQ 的客户端，在聊天群里谈天说地，拒绝更好玩的、更新潮的微信？是谁在追一个日更万字的网络连载小说？是谁抱着手机开着土豪版的不限流量手机服务套餐天天追剧？是谁在聊天群里天天发布召集令，要群友们一起去当托看房、一起去旅游、一起去吃饭K歌？是谁在朋友圈里无休止地晒娃？是谁天天炫富？

当前，有一种奇怪的现象：招聘的公司总招不到人；找工作的人总在抱怨一职难求。究其原因，主要原因不外乎以下几个：

一、期望的技能与求职者的技能之间存在较大差别

有的人力资源在写招聘广告的时候，本来要招聘一个普通的职位，却把相关的所有技能都写上。要求的技能水平与职位的等级不相关，有比较大的落差，把求职的人吓跑了，不敢投简历。

另外，有的是新兴的行业，本来供应就不足，还希望有实际工作经验的人来应聘，而且招聘公司在行业内地位声望并不高，薪资水平一般，没有什么吸引力，自然就没有多少投简历的人。

二、提供的薪酬与求职者期望的水平存在较大差别

薪资的水平永远都是求职者最关注的。在物价高企的今天，仍然开出不足以自给自足的工资水平肯定会找不到人。另外，有一些行业工资水平增长比较快，也拉高其他行业人员的薪资期望。

三、求职者与招聘者之间供求信息不对称

尽管现在信息很发达，招聘平台也很多，但并不是求职者与招聘者在选择平台这个问题上总能一致。信息不对称的情况，比以前有很大的改善。但在可以预见的将来，这种情况将永远存在。

四、夕阳产业与新兴产业的供求失衡

这个问题是我们需要关注的。据中国产业经济信息网数据，因电子商务发展，截至 2017 年底，中国物流行业的从业人员已经达到 5012 万人。其中，从事快递业的就达到 245 万人。

新兴的制造业，往往依托某一类新产品的制造展开，很难归类，如机器人、无人机等。服务业的新兴分类，国家在统计上划分出十大类别：

（1）仓储业；

（2）邮政业；

（3）电信、广播电视和卫星传输服务；

（4）互联网和相关服务、软件和信息技术服务业；

（5）租赁业；

（6）商务服务业；

（7）研究和试验发展；

（8）专业技术服务业；

（9）科技推广；

（10）应用服务业。

年青一代不追求性价比，追求体验……还追求什么？

最后，我们的营销又将走向何方？

第四节　业　态

科技对生活的渗透在持续、在深入。

如今的物流业，就是以前的货运业的升级版。稍微有点规模的，即使是民营企业，在支撑业务的信息技术投入上，也都能"武装到牙齿"。顺丰快递的揽件员，能通过手持终端转单、抢单，非常方便灵活。即便是送快餐的，又何尝不是依靠软件维持系统运作？如今，已经在各个居民区落地生根的快递存储柜操作界面上，我们能看到安卓操作系统的身影。

大大小小的杂货店、小超市、小饭店都使用了收银软件。卖烧饼、卖烤红薯的使用了扫码支付。骑个自行车也可以用 App 来搞定。每一辆自行车还安装了先进的 GPS 定位系统和计时、计费软件。

尽管云计算、大数据、人工智能、无人驾驶等的呼声响亮，然而，跟大家有最大面积直接关联的下一个金矿可能是物联网——IoT。

众多的现象表明，每个行业都处在巨变的前夜，你准备好了吗？

知识小专题

物联网 IoT

物联网（Internet of Things，IoT），在很多年前，就被认为是下一个大趋势。

借助嵌入式系统、软件、传感器、执行器、射频识别卡 RFID 等组件，很多物件如电冰箱、洗衣机、门锁、狗链、自行车等，都可以连接到互联网上，最终形成一个物件的网络，这就是物联网。

早在 1982 年，美国卡耐基梅隆大学安装的一款改装过的自动可乐售卖机，可以通过互联网报告机筒内可乐的温度和存量，被认为是世界上第一台连接到互联网的物件，即非电脑设备。由于应用存在很多限制因素，这个技术一直得不到重视。近年来，随着 Wi-Fi 的普及足以解决网络连接的问题，以及号称可以为地球上每一粒沙子提供 IP 地址的 IPv6 的应用，物联网已成蓄势待发之态。

目前，为解决物件连接到互联网，全球各大厂商、机构竞相开发出远距离、近距离、中距离的无线及有线解决方案。智能家居、远程护理、物流运输等领域是物联网的兴趣热点。试想，一家生产空调的企业，有能力将其售出的数百万台空调连到网上，及时发现发生故障的设备，提供给售后服务部门，会不会很有意思呢？

CISCO 认为，在 2008~2009 年，连接到互联网上的物件数量已经超过全球上网人数，就标识着物联网时代已经开始了。

平台列表[*]

一、超级 App——微信平台

微信

【入驻微信平台营销价值】

超级流量入口，超 10 亿微信用户，自带流量。

吸粉获客

优质的内容及服务输出，获取用户关注，促成转化。

提升形象

实力企业的标配，犹如官网。

推送消息+裂变式传播

⋯⋯

（一）微信平台简介

微信是一款全方位的手机通信应用，帮助你轻松连接全球好友。微信可以（通过 SMS/MMS 网络）发送短信、进行视频聊天、与好友一起玩游戏，以及分享自己的生活到朋友圈，让你感受耳目一新的移动生活方式。为什么要使用微信：

（1）多媒体消息：支持发送视频、图片、文本和语音消息。

（2）群聊和通话：组建高达 500 人的群聊和高达 9 人的实时视频聊天。

（3）免费语音和视频聊天：提供全球免费的高质量通话。

（4）WeChat Out：超低费率拨打全球的手机或固定电话（目前仅限于部分地区）。

（5）表情商店：海量免费动态表情，包括热门卡通人物和电影，让聊天变得更生动有趣。

（6）朋友圈：与好友分享每个精彩瞬间，记录自己的生活点滴。

（7）隐私保护：严格保护用户的隐私安全，是唯一一款通过 TRUSTe 认证的实时通信应用。

（8）认识新朋友：通过"雷达加朋友""附近的人"和"摇一摇"认识新朋友。

（9）实时位置共享：与好友分享地理位置，无须通过语言告诉对方。

（10）多语言：支持超过 20 种语言界面，并支持多国语言的信息翻译。

（11）微信运动，支持接入 Apple Watch 及 iPhone 健康数据，可通过"WeRun-WeChat"公众号与好友一较高下。

（12）更多功能：支持跨平台、聊天室墙纸自定义、消息提醒自定义和公众号服务等。

（二）入驻微信公众平台：开通服务号或订阅号、制作推送内容、粉丝互动

订阅号：为媒体和个人提供一种新的信息传播方式，构建与读者之间更好的沟通与管理模式。

（三）入驻微信平台案例展示

二、超级 App——微博平台

微博

【入驻微博平台营销价值】
官方发布渠道，充当"新闻发言人"角色，发布新品、促销、声明等动态。
交流互动平台
能与粉丝实时交流互动，提高粉丝的黏性及忠诚度。
吸粉获客利器
面向 4 亿微博用户宣传，用户可关注、在线反馈。
舆情监测系统
……

（一）微博平台简介

在微博，官方发布新闻，草根爆料八卦；大 V 明星发布动态，粉丝狗仔爆料内幕；海量短视频等你来刷，搞笑、音乐、明星、综艺、影视、体育应有尽有；第一时间推送你最喜欢和感兴趣的内容。

（1）明星大 V 动态：超多大牌明星在微博发布动态，加关注便可第一时间与你最喜爱的明星互动。

（2）微博短视频：海量高清短视频，新鲜内容极速呈现，随时随地超级省流量。

（3）热门微博：热点内容迅速捕捉，推荐给你最感兴趣的内容。

（4）实时热搜榜：呈现最新鲜、最热门、最有料的热点，想知道正在发生什么，狂戳热搜榜。

（5）发微博：尽情地表达自己内心的感受，一段独白，几张图片又或是一段视频，几分钟的直播，让世界听到你的声音。

（6）微博故事：快速记录并分享生活中的任意时刻到"我的故事"，只需两步即可发布一段 15 秒视频或一张照片，故事内容 24 小时后消失不留痕迹……

（二）入驻微博：注册微博账号、加 V 认证（官方微博）、发布互动

做企业推广，必开蓝 V。官方微博已经成为品牌标配营销阵地，是企业发掘用户，跟用户产生深度链接的不二之选。符合一定条件的用户可以对微博账号申请微博官方认证。微博根据用户的申请及其提交的资料和信息，自行或者委托第三方审核机构进行审核，并根据审核情况确定认证结果和认证信息。

（三）入驻微博平台案例展示

三、大众点评

大众点评

【入驻大众点评平台营销价值】
引流到店
基于位置的本地化服务，引流到店，拓展商机。
点评积攒口碑
用户真实客观评论，积攒口碑提升形象。
搜索引擎权重高
易被搜索引擎收录，收录后搜索结果排名靠前。

（一）大众点评平台简介

在大众点评分享自己的潮生活！

大众点评网（dianping.com）是全球最早的消费点评网站，于2003年4月成立于上海。大众点评是中国领先的本地生活信息及交易平台，也是全球最早建立的独立第三方消费点评网站。大众点评不仅为用户提供商户信息、消费点评及消费优惠等信息服务，同时亦提供团购、餐厅预订、外卖及电子会员卡等O2O（Online To Offline）交易服务。

大众点评网致力于提升消费者的生活质量，提供值得信赖的本地商家、消费评价和优惠信息，包括优惠套餐、旅游、酒店、外卖、电影、演出、美食、打车、美发、美容、美甲、KTV、预约、预订、订座、外送、电子会员卡等生活信息服务，dianping，现在更覆盖了到家、丽人、结婚、亲子、家装、出境海外游、生活网、车辆查违章等几乎所有本地生活服务行业。现在还有超级明星张艺兴、关晓彤、江疏影、朱亚文、胡彦斌、沈月在大众点评分享自己的潮生活！

（二）入驻大众点评：申请商户入驻、完善信息、点评互动

商户入驻指在大众点评网上建立一个商户页面。在商户页面，可以查看商户星级、消费者评分和点评，随时了解消费者的评价；商户可以点击"修改"更新地址、电话

等信息，也可以点击"报错"将详细信息或商户页面的问题提交给他们；可以对消费者的点评进行回应；上传商户最新的图片；等等，以帮助消费者更好地了解商户。

（三）入驻大众点评案例展示

四、地图导航类平台

百度地图

【入驻百度地图平台营销价值】

人群广、频率高

车主必备，覆盖众多优质用户。

黄金广告位

信息被地图收录展示，如同线下黄金地段广告位。

分享传播

将标注信息分享传播，让更多用户找到。

（一）百度地图平台简介

百度地图是为用户提供包括智能路线规划、智能导航（驾车、步行、骑行）、实时路况等出行相关服务的平台。"世界很复杂，百度更懂你"，作为地图行业市场的领先者，百度地图秉持"科技让出行更简单"的品牌愿景，以"服务用户出行"为使命，以"科技"为手段不断探索创新。目前，百度地图国际化地图已覆盖全球 209 个国家和地区。伴随着 AI 时代的到来，百度地图实现了语音交互覆盖用户操控全流程，还上线了 AR 步导、AR 导游等实用功能，更加方便用户的出行。

（1）数据权威：与最高法、最高检、司法部合作建设智慧法务地图；与国家卫健委合作，建设全国健康医疗地图……

（2）全新智能导航：支持全览小窗和路况条两种双屏导航视图，让用户驾车导航时，不用来回切换全局和细节视图；海量用户轨迹打造智能路线规划模型，构建交通大脑规划出行路线；秒级路况更新实时推荐更优路线，智能避堵；路线的历史用时实时展现，并深度挖掘路线交通信息决策出行时间……

（二）入驻百度地图：添加商户及公司信息标注

（三）入驻百度地图案例展示

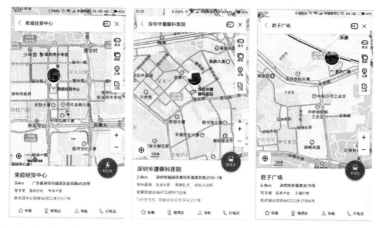

（四）入驻腾讯地图案例展示

（五）同类平台

| 腾讯地图 | 高德地图 | 搜狗地图 | 360 地图 |

五、问答类平台

知乎

【入驻知乎平台营销价值】
官方解答
对公众关注的问题做出回答。
积累口碑
在互动的过程中积累品牌口碑。
覆盖优质客户
……

（一）知乎平台简介

有问题，上知乎。专业靠谱，有问必答。

（1）追热门：热点事件讨论聚集地，覆盖社会事件、影视综艺、科学技术、体育赛事等众多领域，让你透过新闻看本质。知乎在讨论，影响在发生。

（2）看观点：知乎聚集了各领域专家与各行业从业者，在站内与亿万用户讨论交流，陈佩斯、黄渤、郎朗、刘昊然、马伯庸、李银河、聂远、张译等已入驻知乎，与知友分享自己的知识、经验和见解。

（二）入驻知乎：申请开通机构号、参与社区互动

通过在社区提问下发布"回答"，机构号可以对公众关注的问题做出官方解答。通过发布"文章"，机构号可以主动对外发布官方信息。通过发布提问，机构号可以召集知乎用户参与讨论。机构号可以管理其发布内容下的评论，有三种评论模式可设置：开放评论、关闭评论、预审评论。机构号可以参与的社区互动包括评论、邀请回答，赞同、反对、感谢、没有帮助、举报……

（三）入驻知乎案例展示

（四）同类平台

百度知道

六、百科类平台

百度百科

【入驻百度百科平台营销价值】

彰显实力

推荐企业标配，属于公司实力的象征。

可信度高

内容经过系统调取，真实可信。

全新展现途径

……

（一）百度百科平台简介

百度百科是百度公司推出的一个内容开放、自由的网络百科全书平台。

百度百科是一部内容开放、自由的网络百科全书，旨在创造一个涵盖所有领域知识、服务所有互联网用户的中文知识性百科全书。在这里你可以参与词条编辑，分享贡献你的知识。

其测试版于 2006 年 4 月 20 日上线，正式版于 2008 年 4 月 21 日发布，截至 2018 年 2 月，百度百科已经收录了超过 1520 万词条，参与词条编辑的网友超过 644 万人，几乎涵盖了所有已知的知识领域。

（二）入驻百度百科：为企业创建词条

极速创建流程：

（1）验证企业真实信息，通过企业征信信息系统查询验证企业真实性词条样式预览；

（2）整合企业在征信信息系统中公示的内容；

（3）生成词条预览样式；

（4）立即上线。

（三）入驻百度百科案例展示

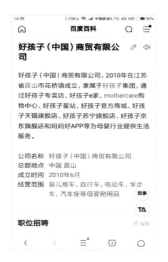

（四）同类平台

搜狗百科

360百科

互动百科

七、电商平台

微店

【入驻微店平台营销价值】
可在微信中分享转发支付购买，
移动支付便捷成熟，
释放社交红利，
基于好友分享转发，
裂变传播！

（一）微店平台简介

手机开店用微店，快速开店，便捷管理，支付快捷，多重认证，开店无忧，是逾7000万开店店主的共同选择：

【1分钟开店，轻松管理】

1分钟简单操作，快速开启掌上店铺；

仅需一部手机，即可随时随地轻松管理订单。

【0手续费，支付便捷】

所有交易（除信用卡外）不收取任何费用；

支持微信/支付宝/信用卡/储蓄卡多种支付方式。

【多种营销工具，多重渠道】

多重营销工具、经典社交营销玩法案例，玩法多多；

小程序、公众号联盟，渠道无处不在，帮你高效获客。

（二）入驻微店平台：申请开通微店账号，创建店铺，添加商品，分享推广

（三）入驻微店案例展示

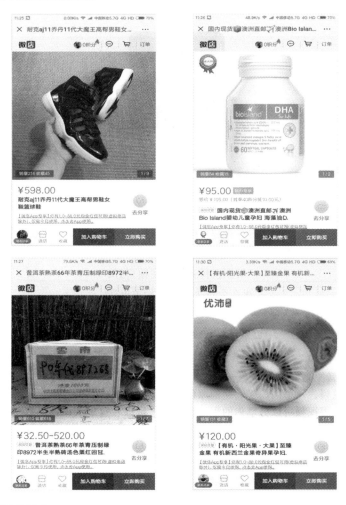

（四）同类平台

淘宝

天猫

京东

拼多多

八、短视频

抖音

【入驻抖音平台营销价值】

迎合用户喜好

内容有趣有料，更易构成热点。

跨平台获客

根据在抖音上的视频喜好；

可在今日头条获得相关推送。

（一）抖音平台简介

抖音短视频，是中国广受欢迎的原创短视频分享平台。

通过抖音短视频可以分享你的生活，同时也可以在这里认识到更多朋友，了解各种奇闻趣事。全球潮流音乐，搭配舞蹈、表演等内容形式，还有超多原创特效、滤镜、场景切换帮你一秒变大片，为你打造刷爆朋友圈的魔性短视频。脑洞有多大，舞台就有多大！好玩的人都在这儿！

全网首创音乐滤镜，声音算法赋予视频新创意！

独家原创音乐，百种音乐风格任你表达自我！

大屏超清画质，带给你全新视觉体验！

人人上热门，不拼颜值拼创意！上亿次曝光，下一个网红就是你！

抖音专注年轻人的音乐短视频社区，用户可以选择歌曲，配以短视频，形成自己的作品。它与小咖秀类似，但不同的是，抖音用户可以通过视频拍摄快慢、视频编辑、特效（反复、闪一下、慢镜头）等技术让视频更具创造性，而不是简单地对嘴型。

（二）入驻抖音平台：申请企业认证、发布短视频

（三）入驻抖音平台案例展示

（四）同类平台

火山　　　　　　　快手　　　　　　　微视

九、分类信息

58

【入驻 58 平台营销价值】

引流到店

基于本地化分类导航，便于引流到店消费。

占据搜索框

用户搜索相应关键词；

能搜到入驻商家信息。

（一）58 平台简介

58 同城是国内领先的生活分类信息网站，海量生活信息免费发布查询。提供找房子、找工作、二手物品买卖、二手车、58 团购、商家黄页、宠物票务、旅游、交友等多种生活信息。每天千万人使用！58 同城，您身边的生活帮手！

58 同城分类信息网，海量生活信息免费查询、发布。

房屋租售、二手买卖、招聘求职、汽车租售、宠物票务、餐饮娱乐，覆盖全国所有大中城市，汇聚大量个人和商家信息。

真实、高效、免费，本地生活服务大全，让您生活更简单！

58 平台特点：附近信息，轻松获取；身边的生活信息，一键查询；支持地图模式查找信息。记录足迹，智能便捷；自动记录访问类别、筛选条件、拨打历史；智能推荐信息，比你更懂你。生活助手，轻松生活；找代驾，找优惠，提供快递查询，房贷计算器。只为你能发现，我想在你身边。

（二）入驻58平台：企业普通证件认证
（三）入驻58平台案例展示

（四）入驻赶集平台案例展示

（五）同类平台

百姓网

十、视频平台

腾讯视频

【入驻腾讯视频平台营销价值】

视频形式乐于接受。

字不如图、图不如视频；创意性、感染力强，易于接受；

用户活跃度、黏度高

通过留言、弹幕互动，提高用户参与感和归属感。

知识营销

......

（一）腾讯视频平台简介

腾讯视频致力于打造中国领先的在线视频媒体平台，以丰富的内容、极致的观看体验、便捷的登录方式、24小时多平台无缝应用体验以及快捷分享的产品特性，主要满足用户在线观看视频的需求。

腾讯视频采用轻量级的界面设计，提供高清流畅的播放服务，支持分享视频到QQ和微信，内容涵盖最新最热的电影、电视剧、影剧、美剧、韩剧、微电影、综艺、动漫、新闻、娱乐、体育、NBA、直播、搞笑、音乐、MV、游戏、比赛、直播、LOL、电竞等特色频道。

腾讯视频全新的品牌理念——"不负好时光"，以更加年轻化、更能引起用户情感共鸣的定位全新亮相，并展现了全新品牌标识。秉承"内容为王，用户为本"的价值观，腾讯视频通过此次品牌升级，着力凸显优质内容的差异化竞争优势，深化与消费者的情感沟通，持续为观众和广告客户创造更大价值。

腾讯视频拥有流行内容和专业的媒体运营能力，是聚合热播影视、综艺娱乐、体育赛事、新闻资讯等为一体的综合视频内容平台，并通过PC端、移动端及客厅产品等多种形态为用户提供高清流畅的视频娱乐体验。

（二）入驻腾讯视频：注册账号、发布视频

（三）入驻腾讯视频案例展示

（四）同类平台

爱奇艺　　　　　　　　　优酷　　　　　　　　搜狐视频

十一、综合资讯平台

今日头条

【入驻今日头条平台营销价值】
有机会获得系统推送内容
根据用户搜索阅读习惯；大数据分析捕捉用户喜好。
占据搜索框
资讯类平台汇聚众多用户；
入驻后会被用户搜索到。

（一）今日头条平台简介

《今日头条》是一款基于数据挖掘的推荐引擎产品，它为用户推荐有价值的、个性化的信息，提供连接人与信息的新型服务，是国内移动互联网领域成长最快的产品服务之一。

热点资讯应有尽有——智能算法推荐你感兴趣的信息、无数明星大 V 在这里跟你互动。

人人都是原创作者——发布自己的微头条、与千万网友在问答区参与热点讨论。

发现生活记录生活——有全网精彩无广告短视频，也有草根生活喊麦达人原创小视频。

专属领域满足个性——分类连载小说漫画超快更新，足球美妆全部覆盖。

今日头条，一款越用越懂你的资讯客户端。

基于机器学习的个性化资讯推荐引擎，5 秒算出你的兴趣，每日 1000 多位工程师精心优化算法，只为每一次推荐都更加精准，让阅读更加有用高效。

"发布专属微头条"上传发布独家内容，你也可以上头条！

超多明星大 V 入驻，关注一手动态，与偶像互动升级。

"新鲜短视频看不停"影视搞笑娱乐游戏生活……覆盖全网千万精彩短视频，无广告省流量，无论热点冷门一键看过瘾。

"丰富频道 你要的都在这里"海量小说免费阅读，超清漫画漫迷社区，一手体育新闻，热辣赛事点评。

（二）入驻今日头条：注册账号、发布资讯

（三）今日头条入驻案例展示

（四）同类平台

一点资讯

商标国际注册马德里协定缔约国全名单

来源：世界知识产权组织

网址：http：//www.wipo.int/treaties/zh/ShowResults.jsp？ lang=zh&search_what=B&bo_id=20

1. 不丹	2. 中国	3. 丹麦
4. 乌克兰	5. 乌兹别克斯坦	6. 亚美尼亚
7. 以色列	8. 伊朗（伊斯兰共和国）	9. 俄罗斯联邦
10. 保加利亚	11. 克罗地亚	12. 冈比亚
13. 冰岛	14. 列支敦士登	15. 利比里亚
16. 前南斯拉夫的马其顿共和国	17. 加纳	18. 匈牙利
19. 博茨瓦纳	20. 卢旺达	21. 卢森堡
22. 印度	23. 印度尼西亚	24. 古巴
25. 吉尔吉斯斯坦	26. 哈萨克斯坦	27. 哥伦比亚
28. 土库曼斯坦	29. 土耳其	30. 圣多美和普林西比
31. 圣马力诺	32. 埃及	33. 塔吉克斯坦
34. 塞尔维亚	35. 塞拉利昂	36. 塞浦路斯
37. 墨西哥	38. 韩国	39. 奥地利
40. 安提瓜和巴布达	41. 巴林	42. 希腊
43. 德国	44. 意大利	45. 拉脱维亚
46. 挪威	47. 捷克	48. 摩尔多瓦
49. 摩洛哥	50. 摩纳哥	51. 文莱达鲁萨兰国
52. 斯威士兰	53. 斯洛伐克	54. 斯洛文尼亚

55. 新加坡	56. 新西兰	57. 日本
58. 朝鲜	59. 柬埔寨	60. 格鲁吉亚
61. 欧洲联盟	62. 比利时	63. 法国
64. 波兰	65. 波斯尼亚和黑塞哥维那	66. 泰国
67. 津巴布韦	68. 澳大利亚	69. 爱尔兰
70. 爱沙尼亚	71. 瑞典	72. 瑞士
73. 白俄罗斯	74. 突尼斯	75. 立陶宛
76. 纳米比亚	77. 罗马尼亚	78. 美国
79. 老挝	80. 联合王国	81. 肯尼亚
82. 芬兰	83. 苏丹	84. 荷兰
85. 莫桑比克	86. 莱索托	87. 菲律宾
88. 葡萄牙	89. 蒙古	90. 西班牙
91. 赞比亚	92. 越南	93. 阿塞拜疆
94. 阿富汗	95. 阿尔及利亚	96. 阿尔巴尼亚
97. 阿拉伯叙利亚共和国	98. 阿曼	99. 非洲知识产权组织（OAPI）
100. 马达加斯加	101. 黑山	

参考文献

［1］DOMAIN NAMES-CONCEPTS and FACILITIES，https：//tools.ietf.org/html/rfc882.

［2］Fact Check：Is story about Standford's founding true？Carole Fader，2017，https：//www.jacksonville.com/reason/2017-03-04/fact-check-story-about-stanford-s-founding-true.

［3］Herbert A. Simon...in an information-rich world，the wealth of information means a dearth of something else：a scarcity of whatever it is that information consumes. https：//en.wikipedia.org/wiki/Attention_economy.

［4］http：//finance.sina.com.cn/stock/hkstock/ggipo/2018-06-09/doc-ihcscwxc2699879.shtml.

［5］http：//finance.sina.com.cn/stock/usstock/c/2018-09-27/doc-ifxeuwwr8699650.shtml.

［6］http：//secfilings.nasdaq.com/filingFrameset.asp？FilingID=12628260&RcvdDate=3/15/2018&CoName=BAIDU% 2C% 20INC.&FormType=20-F&View=html.

［7］http：//www.chyxx.com/industry/201710/573043.html.

［8］http：//www.ebrun.com/20160721/183726.shtml.

［9］http：//www.ebrun.com/20160721/183726.shtml.

［10］http：//www.ebrun.com/20161216/206690.shtml.

[11] http：//www.ietf.org/rfc/rfc3492.txt.

[12] http：//www.sohu.com/a/208551398_397099.

[13] http：//www.sohu.com/a/252841608_473958.

[14] https：//baike.baidu.com/item/三株口服液.

[15] https：//domaininvesting.com/jd-com-acquired-5-million-usd/.

[16] https：//en.wikipedia.org/wiki/Apache_RocketMQ.

[17] https：//en.wikipedia.org/wiki/Boo.com.

[18] https：//en.wikipedia.org/wiki/Caff%C3%A8_sospeso.

[19] https：//en.wikipedia.org/wiki/Elon_Musk.

[20] https：//en.wikipedia.org/wiki/Internet_of_things.

[21] https：//en.wikipedia.org/wiki/List_of_most_expensive_domain_names.

[22] https：//en.wikipedia.org/wiki/None_of_the_above.

[23] https：//en.wikipedia.org/wiki/Pets.com.

[24] https：//en.wikipedia.org/wiki/The_Shawshank_Redemption.

[25] https：//en.wikipedia.org/wiki/Universal_Product_Code.

[26] https：//globenewswire.com/news-release/2018/09/20/1573931/0/en/ The-Apache-Software-Foundation-Welcomes-Tencent-as-its-Newest-Spon-sor-at-the-Platinum-Level.html.

[27] https：//hk.prnasia.com/story/220716-2.shtml.

[28] https：//mp.toutiao.com/profile_v3_public/pgc_public/public/questions/ service_audit/enterprise_audit_benfit.

[29] https：//releases.openstack.org/.

[30] https：//www.americandialect.org/app-voted-2010-word-of-the-year-by-the-american-dialect-society-updated.

[31] https：//www.boxofficemojo.com/movies/? id=forrestgump.htm.

［32］ https：//www.boxofficemojo.com/movies/？ id =shawshankredemption. htm.

［33］ https：//www.cia.gov/library/publications/the –world –factbook/geos/rs. html.

［34］ https：//www.cia.gov/library/publications/the –world –factbook/geos/rs. html.

［35］ https：//www.dailymail.co.uk/news/article –2301855/Charity –coffee – scheme –launches –UK –lets –drinkers –donate –lattes –need.html.

［36］ https：//www.dailymail.co.uk/news/article –3164804/This –looks –like – print –Wikipedia.html.

［37］ https：//www.forbes.com/powerful –brands/list/#tab： rank.

［38］ https：//www.sec.gov/Archives/edgar/data/1652044/00016520441800 0007/goog10 –kq42017.htm.

［39］ https：//www.statista.com/statistics/276623/number –of –apps –available – in –leading –app –stores/.

［40］ https：//www.tiobe.com/tiobe –index/.

［41］ Lifestyles are patterns that shape our taste， behaviours， action， preferences and beliefs； they are like a mosaic made up of individual brands. Martin Kornberger， Brand Society： How Brands Transform Management and Society， Cambridge University Press， 2010.

［42］ Wikipedia， History of Stanford University， https：//en.wikipedia. org/wiki/History_of_Stanford_University.

［43］ Wikipedia， Word –of –mouth marketing， https：//en.wikipedia.org/ wiki/Word –of –mouth_marketing.

［44］ Wikipedia.org， https：//commons.wikimedia.org/wiki/File： Bass_lo –

go_oldest_trademark.jpg.

［45］ WIPO Arbitration and Mediation Center，http：//www.wipo.int/amc/en/domains/search/text.jsp？case=D2015-1543.

［46］CNNIC 第 36 次《中国互联网络发展状况统计报告》，2015 年 7 月 23 日。

［47］《阿里巴巴注册了阿里爸爸、阿里妈妈、阿里奶奶商标》，https：//www.sohu.com/a/149546106_115048.

［48］《艾媒榜单|2018 上半年中国 APP 排行榜》，http：//www.iimedia.cn/61814.html.

［49］《爱奇艺宣布收购天象互娱》，http：//finance.sina.com.cn/stock/usstock/c/2018-07-17/doc-ihfkffam4963197.shtml.

［50］《黎明脚步》，百度百科，https：//baike.baidu.com/item/%E9%BB%8E%E6%98%8E%E8%84%9A%E6%AD%A5.

［51］《微软起诉 Google 和李开复违反竞业禁止协议》，北方网，http：//economy.enorth.com.cn/system/2005/07/21/001073974.shtml.

［52］曾于里：《〈猎场〉"糊"了，观众"变"了》，https：//www.jf-daily.com/news/detail？id=71977.

［53］［法］内勒·格鲁塞：《草原帝国》，蓝琪译，商务出版社 1998 年版。

［54］冯友兰：《中国哲学简史》，新世界出版社 2004 年版。

［55］《阅文 155 亿元收购新丽传媒，要恭喜的还是腾讯》，凤凰网，http：//tech.ifeng.com/a/20180813/45117861_0.shtml.

［56］《方便面又火了，断崖暴跌之后，一个细节意味深长》，华尔街见闻，https：//wallstreetcn.com/articles/3403019.

［57］《外媒：全球七大手机品牌排行榜　中国占半数以上》，环球网，http：//tech.huanqiu.com/it/2018-09/13005552.html.

［58］环球网记者樊俊卿：《茅台入股苹果中国 iCloud 服务运营公司云上贵州》，http：//tech.huanqiu.com/internet/2018–11/13429166.html.

［59］［加］埃里克·麦克卢汉，弗兰克·秦格龙：《麦克卢汉精髓》，何道宽译，南京大学出版社 2000 年版。

［60］科特勒：《市场营销》（第 13 版），王永贵、于洪彦、何佳讯、陈荣译，格致出版社、上海人民出版社 2006 年版。

［61］克劳德·霍布金斯：《文案圣经》，姚静译，中国友谊出版社 2017 年版。

［62］克劳德·香农：《数字通信原理》，http：//math.harvard.edu/~ctm/home/text/others/shannon/entropy/entropy.pdf.

［63］马楠：《尖叫感——互联网文案创意思维与写作技巧》，北京理工大学出版社 2016 年版。

［64］［美］E.M.罗杰斯：《传播学史：一个传记式的方法》，殷晓蓉译，上海译文出版社 1997 年版。

［65］《人民法院终审认定娃哈哈商标归属娃哈哈集团》，http：//money.163.com/08/0806/11/4ILM5TMA002524UB.html.

［66］世界知识产权组织网站，http：//www.wipo.int/export/sites/www/treaties/en/documents/pdf/madrid_marks.pdf.

［67］授权声明网站，https：//commons.wikimedia.org/wiki/File：Z80–Tianjin_–Beijing.jpg.

［68］《中国手机纷纷"出海"，实力"圈粉"东南亚！》，搜狐网，http：//www.sohu.com/a/233186665_402008.

［69］特劳特、瑞维金：《新定位》，中国财政经济出版社 2002 年版。

［70］《亚马逊市值突破万亿美元　贝佐斯 1700 亿美元再封首富》，腾讯科技，http：//tech.qq.com/a/20180905/069182.htm.

［71］《腾讯投资的微商小黑裙被微信封号了》，http：//tech.sina.com.cn/i/2017-01-09/doc-ifxzkfuh6242366.shtml.

［72］《超级高铁进军贵州　是超级可行还是超级梦想》，新华社，http：//www.xinhuanet.com/2018-07/24/c_1123168747.htm.

［73］《网络文学市场规模已达 90 亿》，新浪财经，http：//finance.sina.com.cn/chanjing/2017-10-23/doc-ifymzksi1010383.shtml.

［74］《腾讯持股 45％成搜狗最大股》，新浪科技，http：//tech.sina.com.cn/i/2016-09-20/doc-ifxvyqvy6879858.shtml.

［75］《食物分享冰箱摆上上海街头　免费食物你敢取吗？》，新民网，http：//shanghai.xinmin.cn/msrx/2016/10/06/30484045.html.

［76］叶子：《2017 年国产片网络口碑与票房的关系研究》，中国电影艺术研究中心硕士论文。

［77］《震惊！一些二三线卫视已经是"零收视率"了！》，https：//www.sohu.com/a/201942668_351788.

［78］中国产业经济信息网，http：//www.cinic.org.cn/index.php？m=content&c=index&a=show&catid=17&id=385744.

［79］《中国互联网发展状况统计报告》，中国互联网信息中心，http：//www.cnnic.cn/hlwfzyj/hlwxzbg/hlwtjbg/201808/P020180820630889299840.pdf.

［80］中华人民共和国商务部：《直销企业列表》，http：//zxgl.mofcom.gov.cn/front/getEnterprises.

［81］《日本汽车企业再曝造假丑闻》，《中国日报》网站，2018 年 8 月 16 日，http：//cnews.chinadaily.com.cn/2018-08/16/content_36773593.htm.

［82］中国作家网，http：//www.chinawriter.com.cn/n1/2018/0808/c403994-30215516.html.

［83］《最终判决：王老吉加多宝共享红罐包装》，http：//news.ifeng.com/a/20170816/51653305_0.shtml.